퇴직 전 5년,
평생 월급 설계
지금 바로 시작하라

퇴직 전 5년, 평생 월급 설계 지금 바로 시작하라

초판 1쇄 발행 2025년 11월 17일
초판 2쇄 발행 2026년 1월 5일

지은이 이충구 안봉학
발행인 강재영
발행처 애플씨드

기획 이승욱
편집 장원정
디자인 육일구디자인
마케팅 이인철
CTP출력/인쇄/제본 (주)성신미디어

출판사 등록일 2021년 8월 31일 제2022-000065호

이메일 appleseedbook@naver.com
블로그 https://blog.naver.com/appleseed__
페이스북 https://www.facebook.com/AppleSeedBook
인스타그램 https://www.instagram.com/appleseed_book/

ISBN 979-11-24121-00-9 03320

이 책에 실린 내용, 디자인, 이미지, 편집 구성의 저작권은 애플씨드와 지은이에게 있습니다. 따라서 저작권자의 허락 없이 임의로 복제하거나 다른 매체에 실을 수 없습니다.

애플씨드에서는 '성장과 성공의 소중한 씨앗'이 될 수 있는 원고를 기다립니다.
appleseedbook@naver.com

연금부터 ——————— 건강보험까지

퇴직 전 5년,
평생 월급 설계
지금 바로 시작하라

이충구·안봉학 지음

애플씨드
APPLE SEED

서문

은퇴는 누구에게나 언젠가 다가오는 인생의 전환점입니다. 하지만 그 시기를 떠올리면 기대보다는 불안이 앞서는 경우가 많습니다. 여전히 살아가야 할 날들은 길고, 그 시간을 지탱할 생활비와 의료비, 자녀 지원 문제, 그리고 주거에 대한 고민이 한꺼번에 마음을 짓누르기 때문일 것입니다. '나는 앞으로 어떻게 살아가야 할까?'라는 질문은 은퇴를 앞둔 누구에게나 공통된 물음입니다.

저희는 은퇴설계 전문가로서 수년 동안 많은 은퇴 예정자들을 만나 왔습니다. 강의장에서 수백 명의 청중과 눈을 마주할 때, 상담실에서 단 한 사람의 이야기를 깊이 들을 때, 사람들의 표정과 눈빛에는 공통된 불안과 고민이 담겨 있었습니다. 국민연금만이 유일한 노후 대비라는 분도 계셨고, 오랜 근속으로 퇴직연금을 유지하면서도 여전히 마음을 놓지 못하는 분도 계셨습니다. 연금저축계좌나 ISA 계좌를 꾸준히 관리하며 비교적 든든한 준비를 해 온 분들조차, 마지막 순간에는 "과연 이걸로 충분할까요?"라고 묻곤 했습니다. 그 질문에는 단순한 재무적인 계산을 넘어, 앞으로의 삶에 대한 불확실성과 두려움이 고스란히 담겨 있었습니다.

그럴 때마다 저희는 제도의 장단점을 설명하고, 구체적인 숫자를 제시하며 전략을 세워드렸습니다. 그러나 시간이 지날수록 더 크게 깨달은 것은, 은퇴 준비란 결국 돈의 문제가 아니라 삶의 문제라는 사실이었습니다. 은퇴 설계는 '얼마를 모아야 하는가'라는 단순한 답을 찾는 과정이 아니라, '나는 어떤 모습으로 살아가고 싶은가?'를 스스로 묻고 답하는 과정입니다. 재무적인 은퇴 설계는 그 답을 실현하기 위한 수단일 뿐입니다.

대한민국은 지금 세계에서 가장 빠른 속도로 늙어가는 나라입니다. 불과 7년여만에 고령사회에서 초고령사회로 진입했고, 65세 이상 인구는 이미 전체의 20%를 넘어섰습니다. 남성의 기대수명은 86세, 여성은 90세를 웃돌며, 정년퇴직 이후 최소 25년 이상의 삶이 우리 앞에 놓여 있습니다. 이는 곧 '준비된 은퇴'와 '준비되지 못한 은퇴'의 차이가 인생 후반부의 삶의 질을 결정한다는 것을 의미합니다.

이 책은 그런 절박한 현실 속에서 탄생했습니다. 국민연금은 은퇴 후 기본 생활을 지탱하는 든든한 사회적 안전망이지만, 그 자체로는 충분하지 않습니다. 퇴직연금은 근로자가 반드시 보장받아야 할 권리이자 기업의 의무로서, 노후의 중요한 버팀목이 됩니다. 여기에 개인연금과 IRP는 세제 혜택과 장기 투자를 통해 부족한 부분을 채워주며, ISA 계좌는 절세와 자산 증식을 동시에 가능하게 하는 현대적 도구로 자리 잡고 있습니다. 이 각각의 제도는 따로 존재하는 것이 아니라 서로 연결되고 보완되며, 종합적 은퇴 설계라는 하나의 큰 그림을 완성합니다.

그러나 이 책은 단순히 제도의 개념을 나열하는 해설서가 아닙니다. 강의 현장에서 청중들이 함께 고개를 끄덕이며 공감하던 순간들, 상담실에서 한 사람, 한 사람의 진솔한 고민을 들으며 느꼈던 깊은 울림, 그리고 준비된 이와 준비되지 못한 이의 삶의 차이를 통해 얻은 통찰들을 담고자 했습니다. 그래서 이 책은 독자에게 지식 이상의 것을 전하려 합니다. 바로 은퇴를 앞둔 모든 이들이 스스로에게 던져야 할 질문과, 그 답을 찾아가는 길에서 필요한 실제적인 지침을 제공하는 것입니다.

 은퇴는 끝이 아닙니다. 오히려 또 다른 시작입니다. 그 시작을 어떻게 맞이할지는 지금 우리의 준비에 달려 있습니다. 준비하지 않으면 불안이 되고, 준비한다면 희망이 됩니다. 저희는 이 책이 독자 여러분이 불안 대신 희망을 선택하도록 돕는 작은 나침반이 되기를 바랍니다. 단순히 금융 지식을 전하는 책이 아니라, 새로운 인생을 준비하는 데 필요한 용기와 방향을 제시하는 동반자가 되기를 간절히 소망합니다. 준비된 은퇴는 두려움이 아닌, 새로운 꿈과 도전을 향한 힘찬 출발이 될 수 있습니다. 이 책이 그 길을 함께 걸어가는 벗이 되어 드리기를 바랍니다.

이충구, 안봉학

차례

서문 · 5

1장 · 은퇴 전에 점검해야 할 4가지
01 은퇴 이후에 거주할 지역과 주택에 대한 준비 · 18
02 은퇴 생활비 얼마나 필요할까? · 21
03 자녀에 대한 지원, 어디까지 가능할까? · 26
04 노후 의료비에 대한 점검 · 33

2장 · 국민건강보험
01 국민건강보험 가입자 유형 · 45
02 직장가입자의 건강보험료 부과 기준 · 47
03 지역가입자의 건강보험료 부과 기준 · 51
04 지역건강보험료를 합법적으로 줄이는 방법 · 55
05 국민건강보험료에 대한 주요 상담사례 · 59

3장 · 국민연금
01 국민연금의 가입자 유형과 국민연금 보험료 · 65
02 국민연금의 주요 특징 · 68
03 국민연금 수령 방법 · 71
04 국민연금 수령액을 높이는 방법 · 79
05 국민연금에 대한 주요 상담사례 · 85

4장 · 퇴직연금

- **01** 퇴직급여제도의 역사와 성격 · 92
- **02** 퇴직연금 제도의 유형 · 95
- **03** 퇴직연금 제도의 여러 가지 선택 · 103
- **04** 퇴직연금의 운용 · 113
- **05** 퇴직연금에서 일반적으로 선택하는 상품 · 116
- **06** 디폴트옵션(사전지정제도)는 무엇일까? · 138
- **07** 퇴직연금 실물 이전 · 144

5장 · 연금계좌

- **01** 연금계좌란 무엇인가? · 149
- **02** 연금저축계좌의 역사 · 151
- **03** 구) 개인연금(개인연금저축)의 특성과 운용 · 154
- **04** 연금저축계좌의 특징 · 158
- **05** 연금저축계좌의 운용 · 163
- **06** 연금저축계좌 관리하기 · 167

6장 · ISA 계좌

- **01** ISA 계좌의 특징 · 173
- **02** ISA 계좌의 종류 · 175
- **03** ISA 계좌의 활용 방법 · 177

7장 · 퇴직연금과 연금계좌의 세금
01 퇴직연금의 단계별 세금 · 182
02 연금저축과 세금 · 196
03 연금계좌의 인출 한도와 연금 수령연차 · 201

8장 · 평생 월급통장 만들기
01 국민연금 수령 시기 선택과 안심통장 활용 · 207
02 퇴직연금 수령 방법 · 210
03 개인연금 수령 방법 · 214
04 금융소득으로 만드는 현금흐름 · 218
05 수익형부동산으로 만드는 현금흐름 · 222
06 실업급여 수령 방법 · 225
07 주택연금 수령 방법 · 228
08 종합소득세 이해하기 · 232

9장 · 은퇴 설계 실전 사례
01 임원으로 퇴직하는 김 상무의 고민 · 239
02 60세에 정년퇴직 예정인 A 부장의 고민 · 245
03 52세에 특별퇴직을 신청한 이 차장의 고민 · 251
04 40대부터 노후 자금을 준비한 박 차장의 연금 설계 · 257

퇴직(예정)자를 위한 은퇴 설계 체크리스트 · 267

1장

○

은퇴 전에
점검해야 할 4가지

은퇴란 경제적인 소득이 더 이상 발생하지 않는 것을 의미한다. 직장을 그만두는 퇴직과는 완전히 다른 의미이다. "선생님은 언제 은퇴할 계획인가요?" 이런 질문을 받는다면 제일 먼저 떠오르는 생각은 무엇일까? '은퇴를 어떻게 준비해야 하지?'일 것이다. 은퇴를 생각하면 기대보다는 걱정이 앞서는 것이 현실이다.

보험개발원에서 5년마다 발표하는 '경험생명표'라는 것이 있다. 일정 기간 보험사의 가입자를 대상으로 관찰하면서 사망률을 분석한 표이다. 2024년에 10회차가 발표됐는데 2019년과 비교해 보면 남자는 2.8세, 여자는 2.2세 수명이 더 증가해 한국인의 평균 수명은 남성 86.3세, 여성 90.7세로 나타났다.

대한민국에서 대부분의 직장인은 만 60세에 정년을 맞게 된다. 정년퇴직과 동시에 은퇴한다면, 퇴직 이후 최소 26년 동안 안정적인 생활을 유지하기 위해 건강관리는 물론이고 재무적인 준비도 반드시 필요하다. 은퇴(예정)자들이 재무적인 관점에서 '은퇴 전에 점검해야 할 사항'을 크게 4가지로 정리해 본다.

첫째, 은퇴 이후에 거주할 지역과 주택에 대한 준비는?
둘째, 노후 생활비는 얼마가 필요한가?
셋째, 자녀에 대한 지원은 어디까지 가능한가?
넷째, 노후 의료비에 대한 준비는 충분한가?

유엔은 65세 이상 인구가 전체 인구에서 차지하는 비율이 7% 이상이면 고령화사회(Aging Society), 14% 이상은 고령사회(Aged Society), 20% 이상은 초고령사회(Super-aged Society)로 구분한다.

2024년 12월 24일 행정안전부 발표에 따르면 국내 65세 이상 주민등록 인구는 전날 기준 1,024만 4,550명으로, 전체 주민등록 인구(5,122만

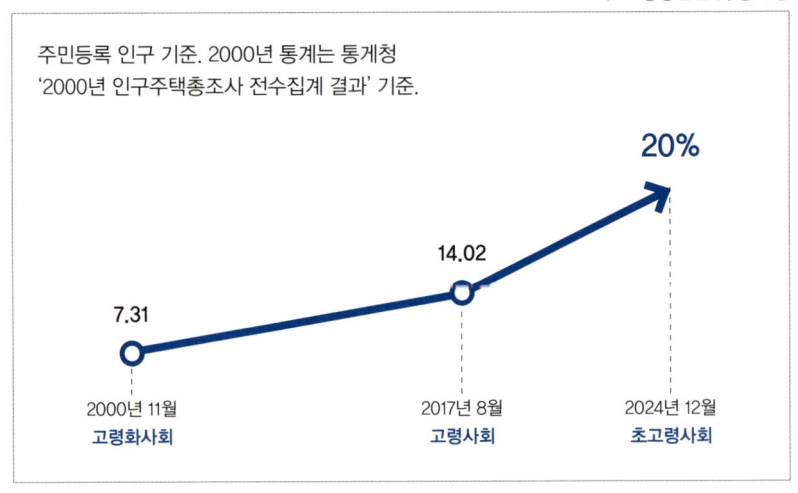

〈표 1〉 65세 이상 고령인구 비중 추이

자료: 행정안전부, 통계청

1,286명)의 20.0%를 돌파했다. 대한민국은 2000년 11월 공식적으로 고령화사회에 접어든 뒤 2017년 8월 14.02%로 고령사회에 진입한 바 있다. 그 후 7년 4개월 만에 초고령사회를 맞이한 셈이다.

OECD(경제협력개발기구)가 발표한 자료에 따르면 고령사회에서 초고령사회로 진입하는 데 일본은 10년이 소요되었고, 네덜란드 17년, 이탈리아 20년, 프랑스 29년, 덴마크는 42년이 걸렸다. 우리나라는 7년 4개월 만에 초고령사회로 진입하여 전 세계 주요 국가 중에서 가장 빠르게 고령화가 진행되고 있다.

전체 인구의 20%가 넘는 65세 인구, 당신이 은퇴 준비를 꼭 해야 하는 이유이다.

01

은퇴 이후에 거주할 지역과 주택에 대한 준비

　직장에 다닐 때는 출퇴근이 용이한 주거지가 중요하다. 자녀가 입학하면 자녀의 교육환경이 주택을 선택하는 기준이 되기도 한다. 은퇴하거나 은퇴 시점이 가까워질 때는 어떠한 기준으로 주거지를 결정해야 할까? 은퇴 전, 집은 아침에 일어나 출근하는 출발점, 퇴근 후에 휴식을 제공하는 휴식처, 주말에 가족들과 함께 일상을 즐기는 공간이다. 그러나 은퇴한 후에는 나이가 들수록 생활 범위가 회사가 아닌 집을 중심으로 이루어진다. 주위에 어떤 편의시설과 문화시설이 있는지, 응급상황이 발생하였을 때 병원으로 빨리 이동할 수 있는지에 따라 생활의 만족도가 크게 달라질 것이다. 좋은 이웃과 소통하면서 생활하고 있다면, 은퇴 이후에 주거지를 자주 옮기는 것 또한 쉽지 않다.

1) 은퇴 후 주거지 결정 시 고려할 점

송양민, 우재룡은 《100세 시대 은퇴 대사전》(21세기북스, 2014)에서 은퇴 주거지를 결정할 때 다음과 같은 질문에 답을 할 수 있어야 한다고 한다.

> 첫째, 고령이 돼서도 오랫동안 머물 수 있는 주거지인가?
> 둘째, 자녀, 친구, 친척들이 원활하게 접근할 수 있는 곳인가?
> 셋째, 주택을 노후 자금으로 활용할 수 있는 방법이 있는가?
> 넷째, 문화 활동, 사회 활동, 다양한 사람들과 교류를 원활하게 할 수 있는 곳인가?
> 다섯째, 연령대별로 생활 스타일이 변해도 이사를 하지 않고 살 수 있는 환경인가?
> 여섯째, 햇볕, 온도, 습도, 풍경과 같은 자연 여건이 적합한가?
> 일곱째, 노인들의 낙상 사고를 방지할 수 있도록 안전하게 집을 수리할 수 있는가?

물론, 이 모든 조건을 갖춘 주거지를 찾는 것은 매우 어려운 일이다. 그러나 은퇴 주거지를 결정하면 오랫동안 거주할 가능성이 높으니 사전에 충분히 검토해서 선택해야 한다.

은퇴를 앞둔 연령대라면 이미 부모님의 은퇴 생활을 지켜봤을 것이다. 나이가 들면 잔병이 많이 생기고, 긴급한 상황이 언제 발생할지 예측할 수 없다. 고령자 노인들의 낙상 사고 74% 정도가 주택에서 발생한다고 한다. 낙상 사고가 발생하면 거동이 불편해지므로 온 가족의 도움이 절실하다.

2) 은퇴 주거지를 마련하는데 필요한 추가적인 자금을 어떻게 준비할 것인가?

퇴직한 사람들이 이사를 하는 사유는 다양하다. 고향으로 귀농이나 귀촌하는 경우, 새로운 직장을 구해서 직장 근처로 이사하는 경우, 자녀나 형제나 자매가 살고 있는 지역으로 이사하는 경우 등등이다.

물론, 현재 거주하고 있는 지역에서 은퇴 주거지를 마련하는 사람들이 훨씬 많다. 주거지역은 그대로 유지하더라도 현재 거주하는 주택이 입주한 지 평균 15~20년 정도 지난 주택이기 때문에 은퇴 시기에 한 번은 주택을 재건축 또는 리모델링하거나 이사하는 경우가 많다.

우리나라 중장년층은 가계 자산의 70~80%를 부동산 자산으로 보유하고 있다고 한다. 일부 은퇴자들은 은퇴 이후 현재 주택을 처분해서 현금을 확보하고, 거주지역을 이전하거나 주택을 축소해서 은퇴자금을 마련하려고 계획하는 사람들도 있다.

보유 부동산을 활용해서 은퇴 생활비를 충당할 수 있다면 다행이지만, 은퇴 이후 주거지 마련에 추가 자금이 필요하다면 미리 필요 자금의 규모와 시기를 점검해야 한다. 우리나라는 지역별로 주택 가격의 차이가 매우 큰 편이기 때문에 보유하고 있는 부동산을 어떻게 은퇴자금으로 활용할지는 매우 중요한 문제이다.

주택연금을 신청하지 않더라도 은퇴 생활비에 걱정이 없다면 정말 좋은 상황일 것이다. 하지만 주택연금을 신청할 계획이 있거나, 은퇴 시기에 재건축이나 리모델링을 진행해야 한다면 추가 분담금을 어떻게 마련할지 미리 검토하고 준비해야 한다.

02

은퇴 생활비 얼마나 필요할까?

퇴직(예정)자 교육을 진행할 때 자주 받는 질문 중 하나가 "다른 사람들은 은퇴 생활비로 얼마를 준비하나요?"이다. 이런 질문을 받으면, 현재 수입과 지역 등을 감안해 평균적으로 준비하는 은퇴 생활비를 답해드리곤 한다. 그러나 필자가 강조하는 내용은 다른 사람들이 은퇴 생활비로 얼마를 준비하는지가 중요한 것이 아니고, **우리 가정은 현재 얼마를 생활비로 사용하고 있는지 파악하고 있는가?**이다.

은퇴하면 생활비가 많이 줄어들게 될까? 은퇴 예정자들은 대부분 은퇴하면 생활비를 현재 소비 대비하여 20~30% 줄일 수 있다고 생각하는 것 같다.

그러나 실제 은퇴한 분들과 대화를 해보면 은퇴 생활비는 생각했던 것보다 많이 든다고 말한다. 직장에 다닐 때는 대부분의 시간을 회사에서 보내기 때문에 점심값과 커피값 등이 필요하고, 가끔 퇴근 후에 동료들과 삼겹살에 소주 한잔하면서 즐기는 비용이 필요하다. 은퇴하면 하루 세끼를 모두 집에서 해결할 수 있을까? 오히려 많은 여가 시간을 활용하여 여행도 하고, 직장 생활하면서 미루었던 취미 생활이나 건강관리 등에 적극적으로 참여하다 보면 예상보다 많은 돈을 지출하는 경우가 생길 것이다.

은퇴 생활비에 대한 일률적인 기준보다는 자신이 현재 생활비로 얼마나 사용하고 있고, 은퇴 이후에 현재 생활비만큼의 현금흐름이 가능한지 먼저 점검하는 것이 필요하다.

1) 직장인이 희망하는 은퇴 생활비 규모

통계청이 2024년 12월 9일 발표한 '2024년 가계금융복지조사(2023년 소비지출 기준)'에 따르면 은퇴 후 최소 생활비는 240만 원이 필요하고, 적정 생활비는 336만 원으로 조사되었다. 그러나 이 통계는 전국 평균값이고 서울이나 광역시, 수도권에서 은퇴 생활을 계획하고 있는 사람들이 생각하는 은퇴 생활비 규모는 조금 더 높을 것이다.

2) 합리적인 지출 관리 방법

은퇴 생활비로 얼마나 필요할지 파악하는 가장 좋은 방법은 현재 생활비를 정확하게 점검하는 것이다. 평소 가계부를 작성하는 사람들에게는 현재 생활비를 파악하는 것은 어려운 일이 아니다. 그러나 가계부 작성 없이 대부분의 지출을 신용카드로 결제하고, 자녀 지원금도 포함된 경우라면 생활비 규모를 파악하는 것도 쉬운 일은 아니다.

은퇴 생활비를 예측하기 위해서 매월 불규칙하게 발생하는 지출까지 감안해 우리 집에서 지출하고 있는 내역을 항목별로 정리해 보자.

〈표 2〉 김 부장 가정의 은퇴 후 지출 내역 예상

정기적 지출 (월 기준)   (단위: 원)

항목	금액	구분	소비 주체	지출수단
관리비	300,000	고정지출	공통	자동이체
보험료	400,000	고정지출	공통	자동이체
모임회비	200,000	회비	공통	자동이체
식료품비	600,000	소비지출	부인	체크카드
외식비	400,000	소비지출	부인	체크카드
의료비	100,000	소비지출	부인	체크카드
여가생활	150,000	소비지출	부인	체크카드
부인용돈	200,000	소비지출	부인	체크카드
교통비 & 차량 유지비	200,000	소비지출	남편	신용카드
통신비	150,000	소비지출	남편	신용카드
남편용돈	200,000	소비지출	남편	체크카드
비정기 지출 월 환산 (비상예비자금)	600,000			
합계	3,500,000			

비정기적 지출 (연 기준)   (단위: 원)

항목	금액	선택/필수
휴가비 & 여행 경비	1,200,000	선택
명절비	1,000,000	필수
가족 행사	600,000	선택
의류 잡화	1,000,000	선택
재산세	600,000	필수
자동차 보험료	600,000	필수
건강검진 등	1,000,000	선택
경조사	1,200,000	필수
합계	7,200,000	

지출 관리의 핵심은 〈표 2〉에서 보듯이 **매월 반복적으로 발생하는 정기적인 지출과 연도 중에 비정기적으로 발생하는 지출을 구분하여 파악**하는 것이다. 이 가정은 매달 350만 원을 준비해야 한다. 매달 정기적으로 지출되는 290만 원의 생활비와 비정기적 지출(비상예비자금)로 60만 원이 필요하다. 비정기 지출이 연간 720만 원(60만 원×12개월) 정도 있어

1장 • 은퇴 전에 점검해야 할 4가지 **23**

야 하므로 CMA 계좌처럼 수시로 인출이 가능한 계좌에 비상예비자금으로 연간 720만 원을 준비해야 한다.

가계부를 사용하는 가정에서는 은퇴 이후에도 지출 관리가 합리적으로 이루어지겠지만, 현실적으로 가계부를 작성하는 것이 힘든 일이다. 그래서 〈표 3〉에서 보듯이 통장을 분리해서 사용할 것을 추천한다.

〈표 3〉 통장 분리로 지출 관리

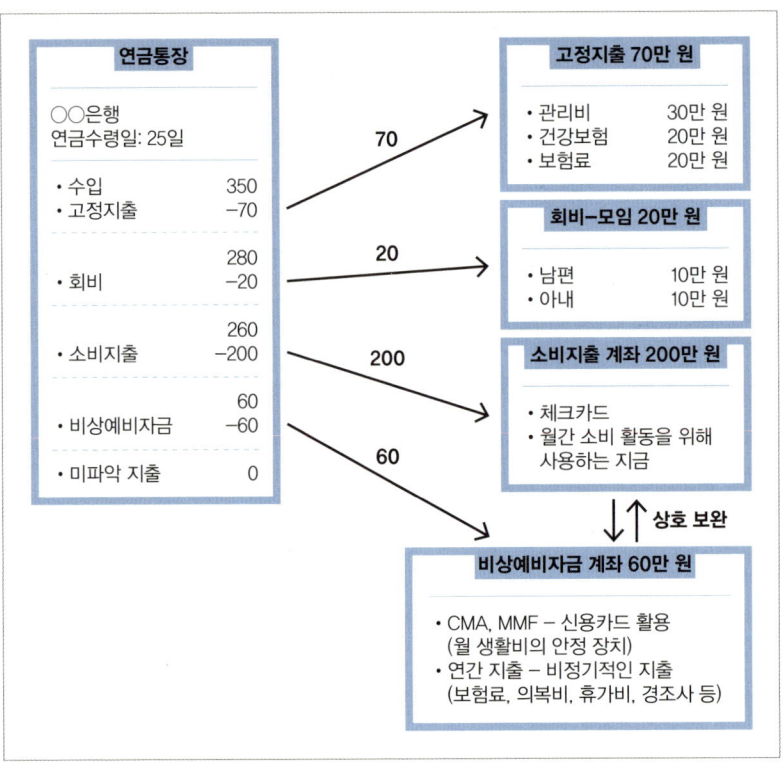

김 부장은 은퇴 이후에 매월 350만 원(생활비 290만 원+비정기 지출 60만 원)이 연금통장으로 입금되도록 현금흐름을 만들었다. 생활비 290만 원 중 고정적으로 나가는 90만 원(관리비&보험료 70만 원+회비 20

만 원)은 연금통장에 자동이체를 설정하고, 소비지출 계좌로 200만 원을 이체한다. 소비지출 계좌는 부부 각자 명의의 통장을 개설하여 체크카드를 발급하여 사용하고, 신용카드는 보조수단으로 사용한다. 소비지출 계좌 사용액 배분은 부인이 145만 원(식료품비, 외식비, 의료비, 부인 용돈)을, 남편이 55만 원(차량 유지비, 통신비, 남편 용돈)을 관리하면 된다.

수시로 발생하는 비정기적인 지출을 위하여 매달 60만 원을 CMA 계좌로 이체하여 비상예비자금으로 사용하는 것이 좋다. 이렇게 매달 연금이 입금되면 통장을 분리하여 지출 관리 시스템을 구축하면 가계부를 작성하지 않아도 합리적인 지출 관리가 가능하다.

03
자녀에 대한 지원, 어디까지 가능할까?

　부모가 은퇴할 시기가 되었을 때 자녀가 경제적으로 독립이 되면 좋겠지만, 그렇지 못한 경우가 많다. 부모는 자녀의 경제적 독립을 지원하고 싶지만 은퇴 기간이 얼마나 계속될지 모르고, 현재 거주 중인 주택을 제외하면 여유 현금이 많지 않아 고민이 된다. 자녀도 부모의 지원이 있으면 좋겠지만, 노후 자금이 충분치 않은 부모님의 지원은 부담이 된다.

1) 자녀가 독립할 때 얼마까지 지원이 가능할까?

　1, 2년 차 신혼부부 1,000명에게 설문을 한 결혼정보회사 듀오의 2025년 결혼비용보고서를 보면 결혼 총비용이 3억 6,173만 원이라고 한다. 신랑이 59%(1억 8,349만 원), 신부가 41%(1억 1,399만 원)를 부담했다.
　이 결혼 비용을 신랑, 신부가 모두 준비하려면 많은 시간이 필요하다.

그러니 부모에게 여유가 있다면 자녀가 결혼할 때 도움을 주려 한다. 이때, 적극 활용하는 방법이 증여이다. 직계존속(조부모, 부모 합산)이 성인 자녀에게 증여세 없이 증여할 수 있는 한도는 10년마다 5,000만 원이다. 세법 개정으로 2024년부터는 자녀가 결혼하거나 출산할 경우, 결혼 또는 출산 전후 2년 이내에 추가로 1억 원을 증여할 수 있게 되었다.

증여를 받으면 자녀는 반드시 증여 신고를 해야 한다. 증여 신고를 하지 않으면 세액공제 혜택을 적용받을 수 없을 뿐만 아니라 가산세를 추가로 부담할 수도 있기 때문이다. 부모가 증여하는 돈을 자녀의 계좌로 이체했다면, 자녀는 이체받은 날이 속하는 달의 말일부터 3개월 이내에 국세청 홈택스를 통해 [현금증여 간편신고] 형식으로 신고서를 제출해야 한다.

〈표 4〉 현금증여 간편신고

자료: 홈택스

12월 4일에 은행 계좌로 5,000만 원을 이체했다면, 자녀는 다음 해 3월 말까지 증빙서류를 준비하여 홈택스에서 증여 신고를 하면 된다. 이때 필요한 증빙서류는 ① 가족관계증명서 ② 입금자명을 확인할 수 있는 무통장입금증이다. 증빙서류는 pdf 파일로 첨부할 수 있다.

증여 금액이 5,000만 원 이하일 경우 납부할 증여세는 발생하지 않지만, 신고하지 않을 경우 향후 증여 시점에 대한 논쟁이 될 소지가 있다. 예를 들어, 5,000만 원을 증여받아 증여 신고 없이 부동산을 취득할 수 있다. 그런데 5년 뒤에 시세가 상승하여 부동산 가격이 1억 원이 되었을 때, 증여세 신고기록이 없기 때문에 증여 금액이 5,000만 원이 아닌 1억 원으로 인정될 가능성이 있다. 특히, 서울이나 수도권에서 부동산을 취득하게 되면, 자금계획서를 제출해야 하므로 증여 시점에서 증여 신고를 하는 것이 안전하다.

다만, 증여는 여유자금이 있어야 할 수 있기 때문에 부모의 노후 자금으로 증여를 했다면 증여 대신 대여금 형식을 고려할 수 있다. 대여는 '금전소비대차계약서'(보통 '차용증'이라고 한다.)를 작성하고 돈을 빌리는 것으로 자녀도 부모에게 이자를 지급해야 한다. 그러나 연간 1,000만 원까지는 이자를 감면해 줄 수 있어 활용할 만하다.

상속세 및 증여세의 무상대출

상속세 및 증여세법 시행령 제41조의4(금전 무상대출 등에 따른 이익의 증여) ① 타인으로부터 금전을 무상으로 또는 적정 이자율보다 낮은 이자율로 대출받은 경우에는 그 금전을 대출받은 날에 다음 각호의 구분에 따른 금액을 그 금전을 대출받은 자의 증여재산가액으로 한다. 다만, 다음 각호의 구분에 따른 금액이 대통령령으로 정하는 기준금액 미만인 경우는 제외한다.

상속세 및 증여세법 시행령 제31조의4(금전 무상대출 등에 따른 이익의 계산방법 등) ② 법 제41조의 4 제1항 각호 외의 부분 단서에서 "대통령령으로 정하는 기준금액"이란 1천만 원을 말한다. 〈신설 2016. 2. 5.〉

단, 부모와 자식 간이라도 은행에서 대출받을 때 작성하는 대출약정서와 같은 금전소비대차계약서(차용증)는 반드시 작성해야 하고 원금은 정기적으로 상환해야 대여로 인정받을 수 있다.

국세청에서 정한 대출이자율이 연 4.6%(2025년 기준)이므로 총대여금이 약 2억 1,739만 원을 초과하게 되면 연간 이자가 1,000만 원을 초과한다(217,390,000×4.6%=9,999,940). 이자가 1년에 1,000만 원을 초과하면 초과된 금액은 증여로 추정되므로 이를 넘지 않도록 주의해야 한다.

2) 자녀에게 꼭 필요한 금융상품

자녀가 취업하면 스스로 지출 관리를 하면서 재산을 잘 모으는 사람도 있겠지만, 신입사원으로 회사 생활을 시작하면서 재테크까지 공부하기에는 여유가 없어 부모에게 의지하는 사람도 제법 많은 것이 현실이다. 부모 입장에서는 자녀가 힘들게 벌어 온 수입을 잘 모아서 결혼하거나 독립할 때 목돈으로 만들어주고 싶은 마음이 클 것이다.

그러나 금융상품도 과거보다 많이 다양해지고, 부모가 저축하던 시절에 비해서 금리도 많이 낮아졌기 때문에 예전처럼 적금과 예금으로만 준비하는 것으로는 부족하다. 자녀 명의로 가입하면 도움이 되는 금융상품은 다음과 같은 것이 있다.

① 청년도약계좌

청년도약계좌는 5년 만기 적금으로, 월 70만 원까지 납입 가능하며, 이자는 전액 비과세이고, 정부 기여금도 지급된다. 청년세대의 중장기 자산 형성을 지원하기 위하여 2023년 6월에 시행되었다. 2024년 한 해 동안 청년도약계좌에 106만 명이 신규 가입하여, 2024년 말까지 누적 157만 명이 가입하였다. 청년도약계좌에 가입이 가능한 청년이 약 600만 명(추정)인 점을 감안하면, 청년 4명 중 1명 이상이 청년도약계좌를 통해 자산을 형성하는 것으로 보인다.

청년도약계좌는 개인소득과 가구소득이 모두 기준 요건을 충족하여야 가입할 수 있으므로 〈서민금융진흥원〉(www.kinfa.or.kr)에서 가입자격을 확인하면 된다.

② 청년 주택드림 청약통장

기존 주택청약종합저축의 청약 기능과 소득공제 혜택은 그대로 유지하면서 재형 기능을 강화한 청약통장이다. 소득 요건을 충족한 만 19세 이상~만 34세 이하의 무주택자가 가입할 수 있다.

> 소득 요건: 전년도 신고소득이 있는 자로 연 소득 5,000만 원 이하인 근로, 사업, 기타소득자로 소득세 신고·납부 이행 등이 증빙된 자

가입 시 유의 사항이 있다.

첫째, 기존 '청년우대형 주택청약종합저축' 가입자는 모두 '청년 주택드림 청약통장'으로 전환된다.

둘째, 기존 '주택청약종합저축' 가입자도 가입 요건 충족 시 '청년 주택드림 청약통장'으로 전환이 가능하다. 가입 후 10년까지는 주택청약종합저축보다 청년 주택드림 청약통장의 금리가 높으므로 전환이 유리하다. 그러나 가입 후 10년 초과 시에는 금리가 낮아짐에 유의하자.

〈표 5〉 주택청약종합저축과 청년 주택드림 청약통장의 적용 금리

(세금공제 전, 단리식) 자료: 주택도시기금 홈페이지

구분	저축기간				
	1개월 이내	1개월 초과 ~ 1년 미만	1년 이상 ~ 2년 미만	2년 이상 ~ 10년 미만	10년 초과 시부터
주택청약종합저축 이자율	무이자	연 2.3%	연 2.8%	연 3.1%	연 3.1%
청년 주택드림 청약통장 이자율	무이자	연 2.3% (당첨 해지 시 3.7%)	연 2.8% (당첨 해지 시 연 4.2%)	연 4.5%	연 3.1%

③ ISA 계좌(개인종합자산관리계좌)

ISA(Individual Savings Account)는 정부가 국민에게 자산 형성 기회를 제공하기 위해 2016년 3월에 도입한 금융상품이다. 금융소득 200만 원(서민형은 400만 원)까지 비과세되므로, 증여받은 자금이나 자녀의 소득으로 가입하기에 적합하다. 만 19세 이상 국내 거주자이면 소득과 관계없이 ISA 계좌를 개설할 수 있으나, 개설일 기준 직전 3년 내에 금융소득 종합과세 대상자일 경우에는 계좌 개설이 불가능하다(▶6장 ISA 계좌).

④ 연금저축계좌

연금저축계좌는 가입자격에 제한이 없으므로, 증여받은 자금으로 해외 주식형 펀드나 ETF를 매수하기에 좋은 계좌이다. 납입한 원금에 대해 연말정산에서 세액공제를 받지 않으면 원금은 언제든지 인출할 수 있고 세액공제를 받지 않은 원금은 인출 시에도 과세되지 않는다. 운용수익에 대해서만 연금 외 인출 시에 16.5% 기타소득세가 부과된다. 연금저축계좌는 모든 금융기관에서 가입할 수 있다.

일반계좌에서 투자하면 수익 확정 시에 15.4%의 이자소득세 또는 배당소득세가 부과되지만 연금저축계좌는 수익 발생 시점이 아니라 인출 시점에 과세되는 점이 다르다(▶5장 연금계좌).

⑤ 자녀의 보장성보험과 실손보험

자녀의 보장성보험은 대부분 부모가 가입을 해주는 경우가 많으며, 계약 형태는 아래와 같다.

> 계약자: 부 또는 모. 보험계약을 체결하고 보험료를 납부하는 자
>
> 피보험자: 보장의 대상이 되는 사람. 다치거나 아프면 보험금을 받을 수 있는 원인을 제공하는 사람
>
> 수익자: 계약자가 지정하는 사람. 보험금을 수령하는 자. 부모 또는 자녀로 지정할 수 있다.

연말정산 간소화 서비스에서는 계약자 기준으로 보험료 자료를 생성한다. 그래서 자녀가 취업하면 계약자를 자녀로 변경해야, 자녀가 연말정산에서 보험료공제를 받을 수 있다.

자녀를 위해 실손의료보험(이하 실손보험)을 들어놓은 경우가 많을 것이다. 그런데 자녀가 취업하게 되면 직장에서 단체 실손보험을 들게 되어 중복가입되는 경우가 종종 있다. 실손보험은 실제 발생한 병원비 범위 내에서 지급하는 비례보상 성격의 보험이기 때문에 중복가입을 하면 2개 보험회사에서 50%씩 나눠서 지급한다. 그러므로 개인적으로 가입한 실손보험은 납입 중지했다가, 퇴직하게 되면 퇴직 후 1개월 이내에 보험을 재개하면 된다.

04

노후 의료비에 대한 점검

건강하게 살다가 영면하는 것이 모든 사람의 희망이지만, 현실적으로 사람들은 평균 10년 정도를 만성질환으로 고생하다 생을 마감한다고 한다. 통계청에서 발표한 2023년 사망원인에 따르면 암, 심장질환, 뇌혈관질환 등과 같은 만성질환으로 사망하는 경우가 78.1%를 차지한다. 따라서 은퇴 전에 점검할 가장 중요한 영역 중 하나가 노후 의료비일 것이다.

건강관리의 중요성을 모르는 사람은 없을 것이다. 하지만 은퇴 시기가 되면 이미 많은 질환에 노출되어 있는 형국이기 때문에, 더 이상 질환이 악화되지 않도록 관리하면서 한편으로는 노후 의료비를 어떻게 할 것인지 준비해야 한다.

〈표 6〉 2023년 사망원인 분석

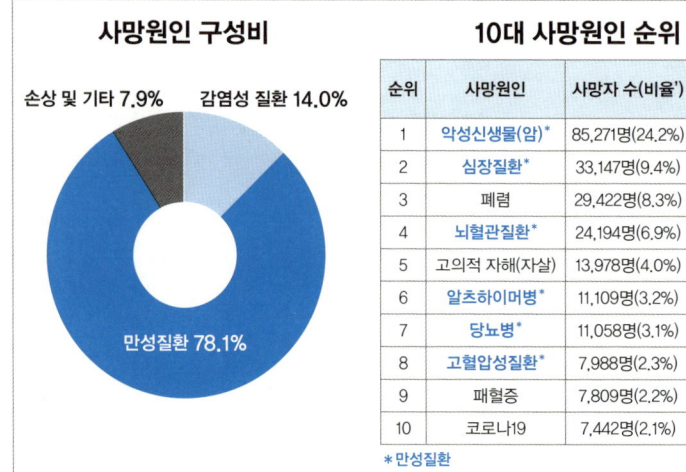

자료: 질병관리청 보도자료

1) 보장성보험 활용하기

은퇴를 앞둔 중·장년층이 가입한 보험은 크게 암, 뇌혈관, 심혈관 등의 질환이 발병했을 때 진단비, 수술비, 입원 일당 등을 보장하는 보장성보험과 실제 지출한 병원비에 대하여 일정 비율을 지급하는 실손보험이다.

보장성보험은 일반적으로 10년 또는 20년 동안 보험료를 납입하고 80세 또는 100세까지 보장받을 수 있도록 가입하는 것이 일반적이다. 40세에 가입을 했더라도 20년 동안 납입하면 60세에는 보험료 납입이 완료되어야 하는데, 은퇴가 얼마 안 남은 시점에서 보험료 납입을 걱정하는 사례가 많다. 과거에는 없던 치매보험, 간병보험 등을 최근에 가입하여 보험료를 계속 납부해야 하는 경우도 있지만, 기존에 가입했던 보험을 여러 가지 사유로 해약했다가 재가입하여 납부할 보험료가 많이 남은 경우도 있다.

경제활동을 열심히 해야 하는 40~50대에 질병이 발생하면, 경제적으로 타격이 클 것이다. 신체적으로 균열이 발생하였기 때문에 요양 기간도 필요할 것이다. 따라서 치료비 외에도 경제적 손실을 보충할 수 있는 진단비와 같은 보험금이 반드시 필요하다. 그러나, 은퇴 이후에는 매월 지출되는 보험료도 부담이 된다. 기존에 가입해 놓은 보장성보험을 잘 활용하는 지혜가 필요한 시점이다.

우리나라는 건강보험제도가 잘 운영되고 있는 국가이다. 특히 중증질환자에 대하여 산정특례 대상자로 선정되면 2023년 기준으로 법정 본인 부담률이 5.1~8.9% 이다.

〈표 7〉 4대 중증질환 산정특례 대상자 건강보험 보장률

(단위: %)

구분	2023년		
	건강보험 보장률	법정본인 부담률	비급여 부담률
전체	81.8	8.3	9.9
암질환	76.3	8.9	14.8
뇌혈관질환	88.2	6.7	5.1
심장질환	90.0	5.1	4.9
희귀, 중증 난치질환	89.0	8.4	2.6

※ 4대 중증질환 보장률은 현금급여(본인부담상한제 사후환급금)를 포함함

더 알아보기

건강보험 산정특례제도란?

정확한 명칭은 '본인일부부담금 산정특례제도'이다. 고액의 비용과 장기간의 치료가 요구되는 특정 질환 진료 시에 환자 본인이 부담하는 금액을 경감시켜 주는 제도이다. 대상이 되는 중증 질환은 암, 심장, 뇌혈관, 희귀, 중증난치, 중증 화상, 중증 외상, 중증 치매, 결핵, 잠복결핵감염이다. 담당 의사에게 '건강보험산정특례등록 신청서'를 발급받아 가까운 국민건강보험공단에 신청하면 된다. 산정특례 대상 질환으로 인한 입원 및 외래 진료 시 0~10%의 비용만 부담하게 된다(비급여, 100분의 100 전액 본인부담, 선별급여 등은 제외). 특례기간은 최대 5년이나(결핵은 치료 종결 시까지) 만약 특례기간 내 완치되지 않아 계속 치료가 필요한 경우 재등록 신청을 통해 특례기간을 연장할 수 있다.

물론, 건강보험이 적용되지 않는 비급여 항목이 많은 치료를 선택한다면 의료비에 대한 부담이 있겠지만 기존에 가입해 놓은 보장성보험에서 수령할 수 있는 보험금을 활용하여 부족한 의료비를 부담하면 된다.

은퇴 전에 새로운 보장성보험에 가입하더라도 보험료를 완납할 수 있는지 점검하고, 부족한 영역이 있다면 일부 부족한 부분에 대해서만 추가로 가입하거나 의료비 사용 용도로 현금을 모으는 방법을 추천한다.

생명보험협회와 손해보험협회가 공동으로 운영하는 보험상품 비교 플랫폼인 〈보험다모아〉(https://e-insmarket.or.kr)에서 본인인증을 하면 피보험자 기준으로 가입한 보험 내역 전체를 확인할 수 있다. 개별 보험회사에서도 정보공유를 활용해 관련 서비스를 제공하고 있다.

2) 실손보험 이해하기

실손보험은 환자가 병원비를 지출한 뒤, 환자가 부담한 본인부담액(건강보험이 적용되는 급여 + 건강보험이 적용되지 않는 비급여)의 일정 부분을, 가입한 시기에 따라 다른 자기부담금 비율을 공제하고 보험금을 지급한다. 그래서 같은 질환 또는 사고라도 가입 시기에 따라 환자가 보험회사에서 수령하는 금액이 다르다.

실손보험은 만기까지 보험료를 납부해야 하는 갱신형 보험상품이다. 갱신형이란 1~5년마다 보험료를 다시 산정하는 상품이라는 의미이다.

실손보험 인상률(생명보험협회와 손해보험협회의 2025년 발표)을 확인해 보니 전년 대비 평균 7.5% 인상된다. 1세대는 평균 2%, 2세대는 평균 6%, 3세대는 평균 20%, 4세대는 평균 13% 오른다고 한다. 물론, 개별 보험회사마다 손해율이 다르므로 실손보험 인상률은 보험회사마다 다르게 적용된다. 현재 가입할 수 있는 실손보험에 대해 살펴보자.

⟨표 8⟩ 실손보험 상품 현황

자료: 금융감독원 보도자료, 2023년 말 기준

구분	1세대	2세대(표준화실손)			3세대(신 실손)		4세대
	(구 실손)	선택형 I	표준형	선택형 II	표준형	선택형 II	
판매 시기	~'09. 9월	09.10월 ~15. 8월	13. 1월 ~17. 3월	15. 9월 ~17. 3월	17. 4월 ~21. 6월		21. 7월 ~
자기 부담률	손보 0% 생보 20%	10%	20%	급여 10% 비급여 20%	20%	급여 10% 비급여 20%	주계약(급여) 20%
						특약 30%	특약 30%	주계약(비급여) 30%
갱신	1~5년	3년	1년	1년	1년	1년	1년
재가입	없음	없음	15년	15년	15년	15년	5년
비중	19.1%	38.9%	0.3%	6.1%	0.4%	22.7%	10.5%

① **4세대 실손보험과 전환 실손보험**

현재 가입할 수 있는 실손보험은 4세대 실손보험이다. 4세대 실손보험은 보험회사에서 진행하는 건강검진을 통과해야 가입할 수 있기 때문에 가입이 가능한지 심사를 받아야 한다.

4세대 실손보험은, 상해 및 질병 급여 항목에 대해 입원 치료는 5,000만 원 한도, 통원 치료는 회당 20만 원 한도에서 수령한다. 환자가 부담할 본인부담금 비율은 입원 치료는 보상 대상 의료비의 20%, 통원 치료는 병·의원은 1회당 1만 원과 보상 대상 의료비의 20% 중 큰 금액, 상급 및 종합병원은 1회당 2만 원과 보상 대상 의료비의 20% 중 큰 금액이다.

비급여 항목에 대한 수령 한도는 급여 항목과 동일하다. 비급여 항목 중 환자가 부담해야 하는 본인부담금 비율은 입원 치료는 보상 대상 의료비의 30%, 통원 치료는 1회당 3만 원과 보상 대상 의료비의 30% 중 큰 금액이다. 단, 상급 병실료 차액(실제 병실료에서 기본 병실료를 뺀 금액)에 대해서는 비급여병실료의 50%를 수령하는데 1일 평균 금액 10만 원이 최대한도이다.

이미 가입한 1~3세대 실손보험을 4세대로 전환하는 것을 전환 실손보험이라고 한다. 60세 남성 기준으로 월 보험료를 보면, 1세대 실손보험은 10~15만 원, 2세대 6~10만 원, 3세대 4~6만 원, 4세대는 4만 원 정도 된다. 보험료가 상대적으로 비싼 1세대, 2세대 선택형 실손보험을 4세대로 전환하면 보험료는 많이 줄어든다. 대신 병원비에 대한 본인부담금 비율이 종전에는 0~10%지만 최대 20%(급여)~30%(비급여)로 높아지는 단점이 있다. 기존 1~3세대 실손보험을 4세대로 전환하면 매월 납부하는 보험료는 줄어들지만, 병원비에 대한 본인부담률이 증가하여 수령하는 보험금이 줄어든다.

4세대로 전환하면 다시 1세대나 2세대 실손보험으로 변경은 불가능하다. 그러므로 보험료가 줄어든다는 이유만으로 전환을 선택하면 안 된다. 가입자 본인의 건강 상태와 은퇴 후 현금흐름을 점검한 후 4세대 실손보험으로 전환할지 말지 결정해야 한다.

② **노후 실손보험**

노후 실손보험은 50세부터 최대 90세까지의 고령층도 가입해, 병원비와 약값을 보장받는 실손보험이다. 기본형과 선택계약으로 구성되어 있다.

기본형은 상해 및 질병 항목에 대해 입원 치료는 1년 1억 원 한도, 통원 치료는 1회당 100만 원 한도로 지급한다. 입원 치료는 최소 30만 원, 통원 치료는 최소 3만 원부터 청구가 가능하다. 보상비율은 본인부담금에서 공제금액을 뺀 금액에 대해 적용한다. 급여 항목 20%, 비급여 항목 30% 정도로, 자기부담금 비율이 일반 실손보험보다 높다. 즉, 실제 의료비의 70~80%만 보장해 준다. 노후 실손보험 기본형의 보험료는 4세대 실손보험 대비 20% 정도 비싼 편이다.

선택계약으로 '요양병원 의료비'라는 항목이 있다. 상해 및 질병 항목에 대해 입원 치료는 5,000만 원 한도, 통원 치료는 회당 100만 원 한도로 수령한다. 입원 치료는 최소 30만 원, 통원 치료는 최소 3만 원부터 청구할 수 있으며, 본인부담금에서 공제금액을 뺀 금액에 대해 급여 항목은 80%, 비급여 항목은 50%를 지급한다.

노후 실손보험은 판매를 중단한 보험회사가 많고, 가입이 가능한 회사도 보험회사가 실시하는 건강검진을 통과해야 하고, 대부분 기본형만 가입할 수 있기 때문에 가입이 가능한지 확인이 필요하다.

③ 유병자 실손보험

유병자 실손보험은 치료 이력이 있거나 경증 만성질환을 가진 유병력자를 대상으로 하는 실손보험이다. 상해 및 질병 항목에 대해 입원 치료는 연간 5,000만 원 한도, 통원 치료는 연간 180회까지 가능하며, 1회당 20만 원 한도로 보상한다. 본인이 부담할 금액은 입원 치료는 10만 원과 보상 대상 의료비의 30% 중 큰 금액, 통원 치료는 2만 원과 보상 대상 의료비의 30% 중 큰 금액이다. 유병자 실손보험에서는 비급여 도수치료-체외충격파치료-증식치료, 비급여 주사료, 비급여 자기공명영상진단(MRI/MRA)은 보상에서 제외된다.

④ 단체 실손보험을 개인 실손보험으로 전환하기

5년 이상 단체 실손보험에 가입한 이력이 있는 경우, 퇴직을 하더라도 단체 실손보험을 개인 실손보험으로 전환할 수 있는 제도가 2018. 12. 1부터 시행되고 있다.

다만, 최근 5년간 단체 실손보험에서 수령한 보험금이 200만 원을 초과하거나 10대 질환(암, 백혈병, 고혈압, 협심증, 심근경색, 심장판막증, 간경화증, 뇌졸중증(뇌출혈, 뇌경색), 당뇨병, 에이즈(HIV 보균))이 있는 경우에는 개인 실손보험으로 전환이 불가능하다.

단체 실손보험을 개인 실손보험으로 전환하려면 퇴직일로부터 1개월 이내에 단체 실손보험이 가입된 보험회사에 신청하여야 하며, 건강에 대한 심사 절차가 생략된다. 개인 실손보험으로 전환하면서 보험회사를 변경하는 것은 불가능하다.

⑤ 중지한 개인 실손보험 재개 신청

단체 실손보험과 개인 실손보험을 중복으로 가입한 경우, 개인 실손보험은 가입 후 1년 이상 유지 시 보험료 납입과 보장 중지가 가능하다. 퇴직으로 단체 실손보험 종료 시에는 퇴직일로부터 1개월 이내에 건강에 대한 심사 절차 없이, 중지했던 개인 실손보험이나 재개 시점에 판매하는 실손보험(현재는 4세대) 중 1개를 선택하여 재개 신청을 하면 된다.

참고로 4세대 실손보험과 노후 실손보험, 유병력자 실손보험, 단체 실손보험에 가입할 수 있는 회사는 〈표 9〉와 같다.

〈표 9〉 실손보험 상품별 판매 현황

회사명		4세대	노후	유병력자	단체실손
생보사	한화	○	○		
	삼성	○	○	○	○
	흥국	○			
	교보	○			○
	농협	○		○	
	DB	○			
	동양	○			
손보사	메리츠	○	○	○	○
	한화	○		○	○
	롯데	○	○	○	○
	MG	○		○	
	흥국	○		○	○
	삼성	○	○	○	○
	현대	○	○	○	○
	KB	○	○	○	○
	DB	○	○	○	○
	농협	○	○	○	○

그런데, 보장성보험이 부족하다면 무엇을 준비해야 할까? 자기에게 적합한 실손보험을 찾아 가입하는 것도 방법이지만, 실손보험은 보험회사에서 실시하는 건강검진을 통과해야 건강체로 가입할 수 있다. 유병자도 가입할 수 있는 유병자 실손보험은 건강체에 비해서 보험료가 많이 비싼 편이기 때문에 실손보험이나 보장성보험 가입 대신 현금으로 준비하는 것도 좋은 방법이다. 매달 보험료로 지출되는 금액만큼 적금을 들거나, 단기채권형 펀드에 매월 일정액을 적립식으로 투자하여 모은 자금으로 의료비를 해결하면 된다.

2장

국민건강보험

01

국민건강보험 가입자 유형

여기서는 국민건강보험제도의 특징을 알아보고, 은퇴 이후 지역가입자로서 건강보험료를 합법적으로 줄일 수 있는 방안을 알아보자.

 더 알아보기

국민건강보험 가입자 규정
직장가입자: 사업장의 근로자 및 사용자와 공무원 및 교직원, 그리고 그 피부양자
지역가입자: 직장가입자와 그 피부양자를 제외한 가입자
피부양자: 직장가입자에게 주로 생계를 의존하는 사람으로서 소득 및 재산이 보건복지부령으로 정하는 기준 이하에 해당하는 사람을 말하며, 직장가입자의 배우자, 직장가입자의 직계존속(배우자의 직계존속 포함), 직장가입자의 직계비속(배우자의 직계비속 포함)과 그 배우자, 직장가입자의 형제·자매를 일부 포함한다.

국민건강보험 가입자는 크게 직장가입자와 지역가입자로 구분할 수

있는데 가장 큰 차이는 건강보험료가 부과되는 기준이 서로 다르다는 것이다.

직장 재직 시에는 부동산이 많더라도 건강보험료에 영향을 주지 않는다. 하지만 지역가입자로 전환되면 소유한 부동산에 따라 건강보험료가 차등 부과되기 때문에 보험료를 많이 부담할 수도 있다. 직장가입자는 일정 요건을 갖춘 가족을 피부양자로 등록하여 보험료 부담이 없도록 할 수 있으나, 지역가입자는 보험료가 세대 단위로 부과되기 때문에 주민등록등본상에 등재된 가족이 많을수록 보험료는 상승하게 된다.

〈표 10〉 가입자 유형에 따른 건강보험료 부과 기준

구분	건강보험료 부과 기준	보험료 부담	피부양자
직장가입자	소득(보수월액)×7.09%	사업장/본인(직장인) 각 50%	등록 가능
지역가입자	소득/재산 등급별 점수의 합×208.4원	본인(세대 구성원) 100%	등록 불가

장기요양보험료는 건강보험료에 연동되어 부과하고 있는데, 다음과 같은 산식으로 결정된다.

$$장기요양보험료 = 건강보험료 \times \frac{장기요양보험료율(0.9182\%)}{건강보험료율(7.09\%)}$$

02

직장가입자의 건강보험료 부과 기준

1) 직장가입자의 건강보험료

직장가입자의 건강보험료는 '직전년도 보수월액×건강보험료율', 장기요양보험료는 '건강보험료×0.9182%/7.09%'로 계산된다. 2023년 보수월액 200만 원인 근로자는 2024년 매월 건강보험료를 얼마나 냈을까? 산식에 따라 계산해보자.

2,000,000×7.09% = 141,800원　　　건강보험료
141,800×0.9182% / 7.09% = 18,364원　　장기요양보험료
141,800원 + 18,364원 = 160,164원　　납부할 총 건강보험료
160,164×50% = 80,080원　　　근로자 실제 부담 건강보험료

건강보험료는 총 160,160원이지만 근로자는 50%인 총 80,080원(건강

보험료 70,900원+장기요양보험료 9,180원)을 납부했다. 보수월액 1,000만 원인 근로자는 매월 총 400,410원(건강보험료 354,500원+장기요양보험료 45,910원)의 보험료를 납부했다.

직장가입자는 직전년도 소득으로 보험료를 납부한다. 직전년도인 2023.1.1~12.31의 월 급여 200만 원을 기준으로 24년 4월~25년 3월에 80,080원을 납부한다. 그래서 다음 해인 2025년 4월에 2024년의 소득이 인상 혹은 감소하였는지에 따라 보험료를 다시 정산하게 된다. 2024년에 보수가 줄었다면 건강보험료가 줄고, 2024년에 보수가 늘었다면 건강보험료를 더 내게 된다.

그런데 직장가입자가 근로소득 외에 부동산 임대소득이나 금융소득이 있고, 근로소득 외의 소득금액(총수입 – 필요경비 인정액)이 연간 2,000만 원이 넘을 경우, 추가로 건강보험료를 납부해야 한다. 이렇게 부과되는 '직장가입자 보수 외 소득월액 보험료'는 5~6월에 종합소득신고를 한 데이터를 국세청에서 제공받아, 11월부터 다음 해 10월까지 1년 단위로 적용한다. 만약, 당해 연도 소득이 현저히 감소하여 '보수 외 소득월액'이 많이 줄었을 경우 11월 이전에 공단을 방문하여 보험료 조정을 신청하여야 한다.

2) 피부양자 유지 조건

국민건강보험 직장가입자는 직계가족을 피부양자로 등재할 수 있는데, 피부양자로 등재하려면 소득, 재산, 부양의 3가지 요건을 모두 충족하여야 한다.

① 소득 요건

아래의 소득 요건 5가지 항목 모두에 해당해야 피부양자 등재가 된다. 소득은 부부 합산이 아니고, 개인별로 해당 여부를 심사한다. 자녀가 직장가입자이고, 부부 중 한 사람이라도 5가지 항목에 충족이 안 되어 피부양자에서 탈락할 경우, 배우자도 같이 피부양자에서 탈락되어 지역가입자로 전환된다.

① 사업자등록자로서 사업소득이 없는 경우
② 보험설계사 등 사업자등록을 하지 않은 경우, 사업소득 신고 금액 연간 500만 원 이하
  ※ 사업소득금액=총수입액-(업종별) 필요경비 인정액 (전체 수입금액 아님)
③ 부동산 임대소득자는 사업자등록과 관계없이 신고하는 소득이 있는 경우 제외
  ※ 임대소득이 있으나, 국세청에 소득신고를 하지 않은 경우에는 피부양자 등재가 가능하다.
④ 공적연금 수령액이 2,000만 원 이하여야 한다.
  ※ 공적연금: 국민연금, 공무원연금, 사학연금, 군인연금, 별정우체국 연금
⑤ 모든 소득(근로, 사업, 이자, 배당, 연금, 기타소득) 합산 연간 2,000만 원 이하
  ※ 연금소득 중 비과세되는 연금소득과 분류과세 되는 퇴직연금, 무조건 분리과세되는 연금소득은 현재 포함되지 않는다.

② 재산 요건

아래의 3가지 항목 중에서 1개라도 해당 사항이 있으면 피부양자 등재는 어렵다. 재산에는 소유하고 있는 주택뿐만 아니라, 상가, 임야, 전, 답 등 등기된 모든 부동산이 포함되며, 선박과 항공기도 포함된다. 부동산은 시가 또는 공시지가가 아니라 재산세 과세표준이 기준이 된다. 만약, 자녀가 직장가입자이고, 부부 중 한 사람이 재산 요건에 충족이 안 되어 피부양자에서 탈락할 경우, 소득 요건과 달리 재산 요건을 충족한 배우자는 자녀의 피부양자 자격을 유지할 수 있다.

① 재산세 과세표준 5억 4,000만 원 이하

※ 재산세 과세표준=시가표준액(공시가격)×공정시장가액비율(주택 60%, 주택 외 70%)
② 재산세 과세표준 5억 4,000만 원 초과 9억 원 이하일 경우 소득금액 1,000만 원 이하
　※ 소득금액은 모든 소득(근로, 사업, 이자, 배당, 연금, 기타소득)의 합계액이 연간 1,000만 원 이하여야 한다.
③ 형제자매의 경우 재산세 과세표준 1억 8,000만 원 이하

③ 부양 요건

부양 요건은 직장가입자에 의하여 주로 생계를 유지하는 자로서 소득 요건과 재산 요건을 모두 충족하여야 한다.

① 직장가입자의 배우자
② 직장가입자의 직계존속(배우자의 직계존속 포함)
　※ 부모, 조부모, 외조부모, 장인 혹은 장모, 시부모 등을 포함
③ 직장가입자의 직계비속(배우자의 직계비속 포함)과 그 배우자
　※ 자녀, 손자녀, 며느리, 사위 등을 포함
④ 소득과 재산 요건을 충족하는 형제·자매 중 미혼으로 만 65세 이상, 만 30세 미만, 장애인, 국가유공·보훈보상 대상자만 인정

03

지역가입자의
건강보험료 부과 기준

1) 지역가입자의 건강보험료

지역가입자의 건강보험료는 가입자의 소득과 재산(전월세 포함)을 기준으로 각 부과 요소별로 산정한 후, 합산한 보험료에 경감률 등을 적용하여 세대 단위로 부과한다(4,000만 원 이상의 고가 차량에 대한 지역건강보험료 부과는 2024년 2월에 폐지). 지역건강보험료는 〈건강보험공단 홈페이지〉 '민원서비스-모의계산-지역보험료 모의계산' 화면에서 세대 구성원의 데이터를 합산하여 입력하면 모의계산이 가능하다.

지역건강보험에서도 소득은 소득월액을 기준으로 산정하며, 재산은 부과 점수에 208.4원(2024년 기준)을 곱하여 산정한다. 퇴직 후, 부부의 연간 공적연금 수령액이 2,400만 원이고, 과세표준 5억 4,000만 원(공시지가 9억 원으로 추정)인 주택에 거주하고 있다면, 지역건강보험료는 월 264,850원으로 예상된다(〈표 11, 12〉 참조).

<표 11> 지역건강보험 모의계산

자료: 건강보험 홈페이지

소득금액(연소득 기준)

- 사업소득 등: [   ] 만원
- 연금소득 ⓘ: 2,400 만원
- 근로소득 ⓘ: [   ] 만원
- 분리과세 주택임대소득 ⓘ: [   ] 만원

- '사업소득 등'에는 사업·이자·배당·기타소득 포함(합산 입력) / 연금·근로소득인 경우 연금 또는 근로소득 란에 입력
- 연금소득은 전년도 소득액에 대하여 해당 연도 1월부터 12월까지,
- 전년도 소득중 연금소득을 제외한 소득(이자·배당·사업·근로·기타소득)에 대해서는 해당연도 11월부터 다음해 10월까지 반영

재산금액(주택, 건물, 토지, 선박, 항공기 등 과세표준액 기준) — 60등급

- 주택: 54,000 만원
- 건물: [   ] 만원
- 토지: [   ] 만원
- 선박: [   ] 만원
- 항공기: [   ] 만원
- 전세(보증금): [   ] 만원
- 월세(보증금): [   ] 만원
- 월세: [   ] 만원

- 재산자료(주택,건물,토지,선박,항공기)는 해당 연도 11월부터 다음 해 10월까지 반영
  - 재산 자료는 해당 연도 6월 1일 기준 재산세 과세표준금액 입니다.
- 임차주택에 대한 보증금 및 월세금액에 대한 자료는 매월 반영

※ 재산 금액은 공시지가(9억 원)가 아닌 과세표준액을 입력한다. 재산세 과세표준액은 재산세 고지서에 명시되어 있다. 과세표준액 확인이 어렵다면, 주택은 대략 공시지가의 60%에 해당하는 금액을 입력하면 된다.

<표 12> 예상 지역보험료

예상지역보험료(12월) 264,850원	
상세닫기	
① 소득월액보험료(사업·금융·연금·근로·기타소득)x건강보험료율	70,900원
② 재산(주택·건물·토지·전월세 등) 점수	785점
③ 재산보험료(②x208.4)	163,594원
④ 건강보험료(①+③)	234,490원
⑤ 장기요양보험료(④x0.9182%/7.09%, 2024년 기준)	30,360원
⑥ 지역보험료(④+⑤)	264,850원

연간 공적연금을 2,400만 원 수령하는 세대에 지역건강보험료가 매월 264,850원이 부과된다. 공적연금으로 인한 보험료(70,900원)보다 재산보험료(163,594원)에 대한 부담이 훨씬 큰 것을 알 수 있다.

2) 지역건강보험료 산정 시 포함되는 소득

은퇴 이후 국민연금을 수령하면서 퇴직금과 개인연금도 연금 형태로 수령하고, 수시로 은행 예금에서 이자를 수령하여 생활하는 경우가 많다. 은퇴자들은 지역건강보험료를 내야 하는데, 이런 수입 전체를 소득으로 인정해 건강보험료를 산정하는지 매우 궁금해 한다.

현재 지역건강보험료에서 소득으로 인정하는 소득의 종류는 다음과 같다.

- **종합소득신고서에 명시된 소득금액은 전액 소득으로 인정된다:** 종합소득으로 신고한 소득금액은 전액이 소득으로 인정되는데, 소득금액은 '총수입 – 필요경비'이다.
- **공적연금 수령액은 총수령액의 50%를 소득으로 인정한다:** 공적연금에는 국민연금, 공무원연금, 사학연금, 군인연금, 별정우체국 연금 등이 해당된다. 공적연금은 2002년부터 연말정산에서 본인 납입분에 대해 소득공제를 받았다. 따라서 연금소득세는 총재직 기간 중 2002년 이후에 재직한 기간에 대해서만 연금소득세가 부과된다. 그러나, 지역건강보험료 산정 시에 '공적연금 총수령액×50%'가 소득으로 인정된다.
- **1,000만 원을 초과한 금융소득은 전액 소득으로 인정된다:** 금융소득은 이자소득과 배당소득으로 구분한다. 이자소득은 예금(정기예금,

적금, 부금)과 채권의 이자를 의미한다. 배당소득은 국내 주식이나 해외 주식에서 수령하는 세전 배당금 등이다.

은행의 예적금이나 저축성보험의 차액, 주식의 배당 등 이자소득과 배당소득을 받을 때 보통 15.4%(소득세 14%+지방소득세 1.4%)를 뺀 세후 금액을 수령한다. 그러나 금융소득종합과세나 지역건강보험료를 계산할 때는 세전 금액이 기준이 된다.

금융소득(비과세·무조건 분리과세 제외)의 연간 합계 금액이 2,000만 원을 초과하는 경우 반드시 종합소득세를 신고해야 한다(연간 금융소득 2,000만 원 이하일 경우 원천징수된 세금으로 납세 의무 종결됨). 그러나 지역건강보험료에 산정 시에는 금융소득이 1,000만 원을 초과하는 경우 초과 금액만이 아니라 전체 금액이 소득으로 인정됨을 주의해야 한다(금융소득 1,000만 원까지는 국민건강보험공단에 소득이 통보되지 않아, 이로 인한 건강보험료는 '0원'이다). 이때 소득은 부부 합산으로 계산하지 않고, 개인별로 1,000만 원을 초과하였는지 심사한다. 즉 남편의 금융소득이 1,000만 원이고, 아내의 금융소득이 1,000만 원일 경우 개인별로 1,000만 원을 초과하지 않았으므로 금융소득으로 인한 지역건강보험료는 '0원'이다.

04
지역건강보험료를
합법적으로 줄이는 방법

　국민건강보험 직장가입자는 보수월액에 따라서 보험료가 부과된다. 반면 지역가입자는 사업주가 부담하는 부분도 없고, 지역건강보험료에 포함되는 소득과 포함되지 않는 소득이 구분되어 소득의 종류에 따라서 지역건강보험료에 큰 차이가 발생한다. 지역건강보험료를 합법적으로 줄일 수 있는 방법에 대해 알아보자.

1) 피부양자 등재가 가능한 경우
　직장에서 퇴직하면 퇴직금이 정산되는 시점(퇴직일로부터 14일 이내)에 건강보험공단에 퇴직 사실이 통보되어 지역가입자로 전환된다. 이때 배우자나 자녀가 직장가입자라면 피부양자로 등재가 가능하다.
　다만, 임대소득이 있어서 종합소득세를 납부하거나 본인 명의 부동산이 과세표준 기준으로 9억 원보다 클 경우에는 피부양자로 등재가 불가능하다.

그리고 퇴직자들의 주 소득원인 국민연금은 조기노령연금을 신청하는 경우를 제외하고 1964년생일 경우에는 2027년 생일 다음 달(만 63세 이후)부터 공적연금을 수령할 수 있다. 1965~68년생은 만 64세, 1969년생 이후로는 만 65세부터 노령연금이 개시된다.

국민연금과 같은 공적연금은 연간 수령액이 2,000만 원을 초과하면 피부양자 등재가 불가능하다. 그래서 퇴직 후 바로 조기노령연금을 신청하는 경우가 아니라면, 2~3년간은 배우자 또는 자녀가 직장가입자라면 피부양자 등재가 가능하다.

2) 임의계속가입 제도 활용

직장가입자의 건강보험료는 총보험료의 50%만 본인이 부담한다. 직장에 다니는 연봉 2,400만 원의 근로자라면 월 80,080원을 낸다. 반면 지역가입자의 건강보험료는 100% 본인이 부담한다. 퇴직 후, 부부의 연간 공적연금 수령액이 2,400만 원이고, 과세표준 5억 4,000만 원(공시지가 9억 원으로 추정)인 주택을 소유하고 있다면, 지역건강보험료는 월 264,850원으로 예상된다. 보험료 부담이 대폭 늘어나는 것이다. 이런 경우, 활용할 수 있는 제도가 임의계속가입 제도이다.

임의계속가입 제도는 실업자에 대한 경제적 부담을 완화하고자 도입된 특례제도이다. 재직 시 본인이 50% 부담하던 직장 건강보험료가 지역보험료보다 적은 경우, 36개월 동안 직장 재직 시 50% 본인 납부액으로 건강보험료를 선택할 수 있다. 위의 사례로 비교하면 '80,080원(직장가입자 50% 총보험료) < 264,850원(지역가입자 총보험료)'이므로 임

의계속가입 제도를 활용하면 월 184,770원의 보험료를 줄일 수 있다.

그러나 현실적으로 대기업에서 퇴직하는 경우 보수월액이 200만 원보다 훨씬 높다. 보수월액이 1,000만 원인 근로자는 매월 400,410원의 보험료를 납부했기 때문에 지역가입자로 전환되더라도 지역건강보험료가 더 적을 수 있다. 이런 경우에는 임의계속가입 제도를 활용하는 것이 불리하다. 또한, 퇴직 후 배우자나 자녀에게 피부양자로 등재하는 경우에도 임의계속가입 제도를 활용하기가 어렵다. 임의계속가입 제도는 지역가입자가 된 이후 최초로 고지받은 지역보험료의 납부 기한에서 2개월 이내에 신청해야 하는데, 지역가입자로 전환 후 피부양자로 등재한 경우에는 신청 기한이 경과되어 임의계속가입 제도를 신청할 수 없다.

따라서 직장에서 퇴직한 경우에는 '피부양자 등재 기간에 절약되는 보험료' vs '임의계속가입 제도 신청으로 절약되는 보험료' 중 어느 것이 총 보험료 부담이 적을지 비교한 후 결정해야 한다.

3) 지역건강보험료 산정 시 포함되지 않는 소득

지역건강보험에서 합산하는 소득은 종합과세소득, 공적연금 수령액의 50%, 1,000만 원을 초과하는 금융소득이다. 무조건 분리과세되는 소득, 분류과세되는 소득, 비과세 소득은 건강보험료 산정에 영향을 주지 않는다.

① 무조건 분리과세되는 소득

연말정산을 위해서 납입한 연금저축, 연금저축계좌 및 IRP 계좌 개인 납입분, ISA 계좌에서 발생하는 금융소득, 공제회에서 가입할 수 있는 장기저축급여가 대표적이다.

연금저축, 연금저축계좌와 IRP 개인 납입분에 대해서는 연금 수령액이 연간 1,500만 원 이하일 경우에 수령 연령에 따라서 5.5%~3.3% 연금소득세가 부과되고, 연간 1,500만 원 초과 시에는 16.5%의 연금소득세가 부과되지만 다른 소득과 합산하여 과세되지 않는다. ISA 계좌와 장기저축급여에서 발생하는 이자와 배당금도 관계 법령에 따라 세금을 부과하지만 건강보험료 산정에 포함되지 않는다.

② 분류과세되는 소득

퇴직소득과 양도소득이 해당된다. 퇴직소득은 퇴직금과 퇴직연금 모두 포함되며, 양도소득에는 해외 주식과 부동산 매매차익이 해당된다.

③ 비과세 소득

일부 저축성보험과 개인연금저축(=구 개인연금), 비과세종합저축 등이다.

10년 이상 유지한 저축성 보험(저축보험, 연금보험, 변액연금 등 포함)
- 2013. 2. 15 이전에 가입한 저축성 보험을 10년 이상 유지할 경우, 일시금 수령과 연금 수령 모두 비과세가 적용된다.
- 2013. 2. 15~2017. 3. 31에 가입한 저축성 보험은 일시납으로 납입하는 경우에 2억원까지 비과세이고, 5년 이상 월 납입하는 경우 금액에 관계없이 10년을 유지하면 비과세가 적용된다.
- 2017. 4. 1 이후에 가입한 저축성 보험은 5년 이상 월 납입하는 경우에 연간 1,800만 원까지 비과세이며, 일시납으로 납입하는 경우에는 1억 원까지만 비과세된다.

2001년 이전에 가입한 개인연금저축
1994. 1. 1~2000.12.31에 가입한 개인연금저축은 분기당 최대 300만 원까지 납입할 수 있으며, 연간 최대 72만 원(연간 납입액의 40%)까지 소득공제를 받을 수 있는 연금 상품이다. 그러나 5년 이상 연금으로 수령 시에는 소득세가 비과세된다.

비과세종합저축
만 65세 이상일 경우에만 가입할 수 있고, 모든 금융기관을 합산하여 5,000만 원 한도로 가입이 가능하다.

05
국민건강보험료에 대한 주요 상담사례

은퇴자에게 지역건강보험료는 부담이 많은 지출 항목이다. 그래서 은퇴자나 은퇴 예정자들의 상담에서 질문이 쏟아져 나오곤 한다. 가장 많이 하는 질문은 이런 것이다.

주택을 부부공동명의로 등기하면 지역건강보험료에 유리할까요?

지역가입자의 경우 재산에 대해서도 건강보험료가 부과되기 때문에 명의자가 누구인지에 따라 보험료에 차이가 나게 된다. (직장가입자는 재산에 대한 보험료 부과가 없기 때문에 주택을 단독 명의로 소유하든, 부부 공동명의로 소유하든 상관이 없다.)

지역건강보험에서 피부양자 기준을 심사할 때, 개인별로 과세표준이 9억 원을 초과하는지 여부를 심사한다. 그래서 과세표준 9억 원을 초과(공시지가 기준 약 15억 원)하는 주택의 소유자가 단독 명의일 때는 소득 요건 여부와 관계없이 피부양자에서 탈락한다.

그러나 과세표준 9억 원을 초과하는 주택을 부부의 공동명의로 소유한다면 소득 요건에 따라 피부양자로 등재할 수 있다. 현재 소득의 합계액이 1,000만 원을 초과하고 본인 명의 재산의 과세표준이 5억 4,000만원을 넘을 경우 피부양자에서 탈락하기 때문에 소득 요건도 함께 점검해야 한다.

금융소득이 1년에 1,000만 원을 넘을 경우, 어떻게 대비할까요?

지역가입자의 경우 금융소득이 1,000만 원을 초과하게 되면, 1,000만 원 초과분만 소득에 반영하는 것이 아니라 금융소득 전체를 소득으로 인정하여 지역건강보험료를 부과한다. (직장가입자는 근로소득 외의 소득인 금융소득(이자소득+배당소득)이 2,000만 원을 초과할 경우에만 2,000만 원 초과분에 대하여 추가로 건강보험료를 부담한다.)

따라서 지역가입자로 전환된 또는 전환 예정일 경우 금융소득이 1,000만 원을 넘지 않도록 관리해야 한다. 금융소득은 개인별로 심사하기 때문에 배우자 증여를 통해 명의를 분산하면 유리하다. 배우자 증여 시 10년간 누적해서 6억 원까지 증여세 없이 증여할 수 있다.

예를 들어, 은퇴 후 현금성 자산이 4억 원 정도 있는 세대가 일반 계좌에서 연 3% 금리로 정기예금에 1년 가입을 하면, 1년 후에 1,200만 원의 이자소득이 발생한다. 예금을 부부 A와 B 중 한 명의 명의로 하게 되면 1,200만 원이 1인의 이자소득으로 인정되어 지역건강보험료가 월 80,090원 증가할 것으로 예상된다. 하지만 배우자 증여 한도를 활용하여 1억 원 정도를 배우자 B의 명의로 예금에 가입한다면? 이자가 개인별로 A에게 900만 원, B에게 300만 원이 발생한다. 금융소득이 개인별로 1,000만 원을 넘지 않으므로 건강보험료에 영향을 미치지 않는다.

부모가 피부양자에서 탈락할 경우 조부모는 어떻게 될까요?

소득 요건과 재산 요건이 충족되어 아들의 직장건강보험에 피부양자로 등재된 부모님이 있다. 아들이 퇴직을 하여 지역가입자로 전환된다면 부모님의 피부양자 자격은 어떻게 될까?

직장가입자는 부모님이 피부양자로 등재되어 있더라도 추가로 부담하는 건강보험료는 없다. 직장가입자는 본인의 보수월액을 기준으로 건강보험료를 부담하기 때문이다. 그런데, 아들이 퇴직하여 지역가입자로 전환된다면 부모님은 더 이상 피부양자로 등재될 수 없다.

이런 경우에는 직장가입자를 유지 중인 다른 직계비속 즉 다른 형제나 손자에게 부모님을 피부양자로 올릴 수 있다. 이미 소득 요건과 재산 요건이 충족되어 있기 때문이다. 지역가입자는 피부양자 제도가 없으므로 소득이 없는 부모님이라 할지라도 기본보험료가 부과되고, 부모님에게 재산이 있다면 지역건강보험료가 인상된다.

지역건강보험료는 언제 변동되나요?

지역가입자는 소득과 재산에 대하여 건강보험료를 부과하기 때문에 1월과 11월에 두 번 건강보험료가 변동된다. (직장가입자는 보수월액에 대해서만 건강보험료가 부과되므로, 보수월액이 변동될 때에만 건강보험료가 변동된다.)

1월에는 직전년도 공적연금 수령액을 반영하여 지역건강보험료가 변동된다. 11월에는 당해 연도 재산의 과세표준 변동분과 직전년도 종합소득신고에 따른 소득 변동분을 합산해 변동된다.

즉, 2026년 1월에 변동되는 지역건강보험료는 2025. 1. 1~12. 31까지의 공적연금 수령액을 반영한다. 2026년 11월에는 2026년도 재산 변동분과 2025년 귀속 종합소득신고(2026년 5월 신고)에 따른 소득 변동분을 합산해 계산된다.

 변동된 지역건강보험료는 1년간 적용하므로, 부동산을 양도하거나 종합소득금액의 변동이 발생하면 변경된 증빙서류를 준비하여 건강보험공단을 방문하는 것이 필요하다. 변동분을 전산에서 자동으로 반영되는 시기는 매년 11월이기 때문에 수작업으로 변경 신청을 하여야 한다.

3장

국민연금

01
국민연금의 가입자 유형과 국민연금 보험료

국민연금은 소득이 있을 때 보험료를 납부하고, 나이가 들어 일을 할 수 없게 되거나 장애, 사망 등으로 소득이 감소하거나 중단되었을 때 본인이나 유족에게 연금을 지급하여 기본적인 생활을 할 수 있도록 하는 사회보장제도이다. 1988년에 도입되었는데, 가입자가 가장 많은 공적연금이다.

국민연금 수급 현황
국민연금 수급자는 700만 명 이상이며, 65세 인구 중 절반 이상이 국민연금을 수령한다. 월 200만 원 이상 수령자는 44,000명, 월 100만 원 이상 수령자도 83만 명이 넘는다. (국민연금공단 2024. 11. 25 보도자료)

국민연금 가입자는 사업장가입자(66.67%), 지역가입자(29.72%), 임의가입자(1.44%), 임의계속가입자(2.17%)로 구분된다(국민연금공단 2025. 1 자료).

사업장가입자는 국민연금에 가입된 사업장의 18세 이상 60세 미만의 사용자 및 근로자로 국민연금에 가입된 사람이다. 2006년부터 1인 이상의 근로자를 사용하는 사업장은 당연히 사업장가입자가 된다. 따라서 지역가입자가 사업장에 취업하면 자동적으로 사업장가입자가 되고 지역가입자 자격은 상실된다.

지역가입자는 국내에 거주하는 국민으로서 18세 이상 60세 미만의 국민 중 공무원, 교직원 등 다른 공적연금 가입자와 국민연금 사업장가입자 및 그 배우자로서 소득이 없는 자 등을 제외한 사람이다.

임의가입자는 주부, 실업자 등과 같이 신고되는 소득이 없어 당연히 가입자는 아니지만, 본인의 희망에 의해 국민연금에 가입을 신청하는 사람이다.

임의계속가입자는 60세에 도달하였으나 가입기간이 부족해서 연금을 받지 못하거나 가입기간을 연장해 더 많은 연금을 받고자 하는 경우, 65세까지 본인의 신청으로 가입하는 사람이다.

국민연금의 보험료 계산은 아래와 같이 계산된다. 보험료를 산정하고 연금액을 계산하는 기초가 되는 국민연금 기준소득월액은 일정 기간 재직하고 얻은 소득의 지급합계액을 12개월로 평균한 금액이다. 가입자가 신고한 소득월액에서 1,000원 미만을 절사하고, 매년 7월 결정된다.

기준소득월액=소득 총액/총 근무 일수×30일

국민연금 보험료=가입자의 기준소득월액×연금보험료율

전년도의 소득을 당해 연도 7월부터 다음 연도 6월까지 적용한다. 즉,

2025년 7월부터 2026년 6월까지 1년간 부과되는 국민연금 보험료는 2024. 1. 1~12. 31의 기준소득월액을 기준으로 부과되는 것이다. 2025년 현재 국민연금 보험료율은 9%인데, 사업장가입자(직장인)는 본인과 사업주(회사)가 반씩 부담한다. 9%일 경우 근로자가 4.5%, 사업주(회사)가 4.5%를 부담하는 것이다.

02

국민연금의 주요 특징

국민연금의 주요 특징 첫 번째는 소득이 있는 사람은 의무적으로 가입하는 공적연금이라는 점이다. 2025년 4월 말 기준으로 약 2,179만 명, 적립금은 1,227조 원(2025년 2월 말 기준)에 이르고 있다.

둘째, 기준소득월액에는 상한액과 하한액 범위가 정해져 있다. 소득재분배라는 국민연금의 목적에 맞도록, 납부 금액 및 수령 금액에 제한을 둔 것이다. 2025년 7월부터 적용되는 최고 기준소득월액은 637만 원(연봉 환산 시 7,644만 원), 최저 기준소득월액은 40만 원이다. 기준소득월액 637만 원인 직장인은 국민연금 보험료로 매월 28만 6,650원(637만 원×4.5%)을 부담하고 있다(회사 역시 매월 28만 6,650원을 함께 납부한다). 월 급여가 637만 원을 넘어도 보험료는 동일하다. 상한액이 정해져 있기 때문이다.

직장인은 만 60세까지 의무적으로 납입하므로, 만 60세 생일이 포함된

<표 13> 국민연금 포트폴리오와 적립금 현황(2025년 2월 말 기준)

자료: 국민연금 홈페이지

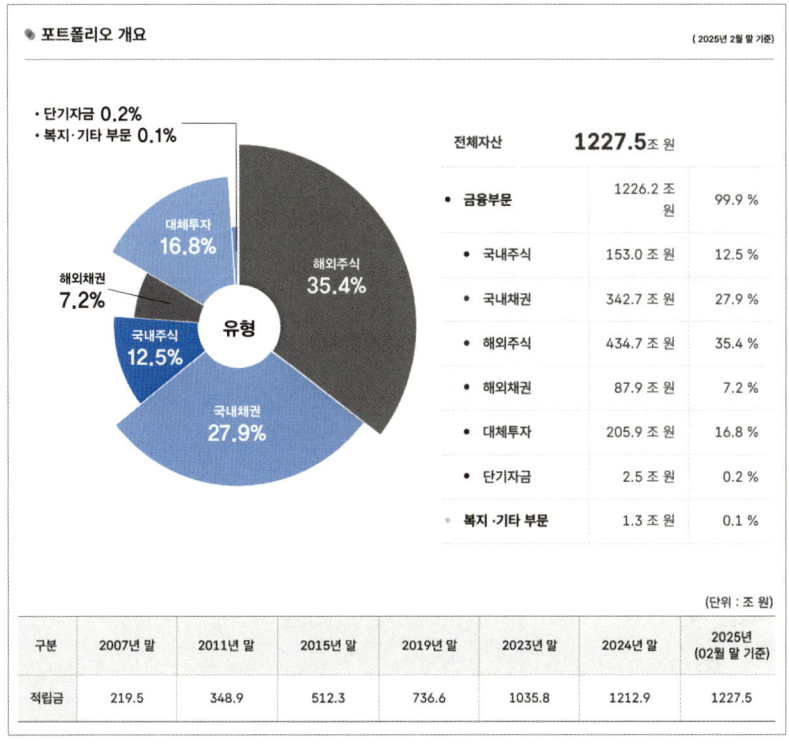

월까지 사업주(회사)가 4.5%를 지원한다. 만 60세 이후 직장을 계속 다닐 경우에는 본인이 9%를 전액 부담하거나 국민연금 납부를 중단할 수 있다.

셋째, 국민연금은 살아 있으면 죽을 때까지 종신토록 지급되는 연금이다. 국민연금에는 본인이 수령하는 노령연금과 장애연금 그리고 가족이 수령하는 유족연금이 있는데 수령 기간이 몇 년이건 상관없이 생존해 있으면 받을 수 있는 종신형 연금이다.

넷째, 국민연금 지급액은 1월부터 '전년도 전국 소비자물가상승률'을 반영하여 매년 조정된다. 예를 들어, 2020년에 국민연금을 매월 150만 원을 수령

했다면, 2021년에는 전년도 물가상승률 0.4%가 반영되어 150만 6,000원으로 자동 인상되었다. 2022~25년에 2.50%, 5.10%, 3.6%, 2.30%의 물가상승률을 반영해 2025년에는 172만 6,317원을 수령하였다.

〈표 14〉 물가상승률을 반영한 국민연금 수령액

지급 연도	기준 금액	전년도 물가상승률	국민연금 월 수령액
2020년	1,500,000	0.40%	1,506,000
2021년	1,506,000	0.50%	1,512,024
2022년	1,512,024	2.50%	1,549,825
2023년	1,549,825	5.10%	1,628,866
2024년	1,628,866	3.60%	1,687,505
2025년	1,687,505	2.30%	1,726,317

최근 몇 년간은 코로나로 인하여 물가상승률이 매우 높았는데 국민연금은 전년도 물가상승률을 국민연금 수령액에 반영해 주기 때문에 연금의 실질 가치가 어느 정도 보장된다. 다만 실제 소비자가 체감하는 물가는 정부에서 발표하는 물가상승률보다 높기 때문에 은퇴 생활비를 준비할 때 국민연금을 제외한 퇴직연금이나 개인연금은 물가상승률을 이길 수 있는 연금 운용수익률이 필요하다.

03

국민연금
수령 방법

국민연금은 크게 노령연금, 장애연금, 유족연금으로 구분되어 지급되는데, 세부적인 내용을 살펴보자.

1) 노령연금

노령연금은 국민연금 가입자가 나이가 들어 소득 활동에 종사하지 못할 경우 지급되는 국민연금의 급여 종류이다. 흔히 말하는 '국민연금'이 이것이다.

가입기간(=보험료 납부기간)이 10년 이상이면, 연금 수령이 가능한 시기 이후부터 평생 매월 지급받을 수 있다. 기본연금액과 부양가족연금액을 합산하여 지급하는데, 연금 수령 시기는 본인의 출생 연도에 따라 달라진다. 2025년 기준으로 만 60세에 정년퇴직을 하는 1965년생은 만 64

세 생일 다음 달부터 노령연금을 수령할 수 있다.

〈표 15〉 출생 연도 별 노령연금 수급개시 연령

출생 연도	수급개시 연령		
	노령연금	조기노령연금	분할연금
1953~56년생	61세	56세	61세
1957~60년생	62세	57세	62세
1961~64년생	63세	58세	63세
1965~68년생	64세	59세	64세
1969년 이후	65세	60세	65세

노령연금이 국민연금을 정해진 나이에 받는 것이라면, 시기를 앞당겨 받는 것을 '조기노령연금', 시기를 늦춰서 받는 것을 '연기노령연금' 혹은 '연기연금'이라고 한다.

① **조기노령연금**

대부분의 직장인 정년은 만 60세로 설정되어 있다. 기업에 따라 만 60세에 도달하는 월말까지 근무하거나 조금 연장된다 해도 그해 말에는 퇴직하게 된다. 정년퇴직자도 실업급여를 받을 수 있다. 최대 9개월 동안 실업급여를 신청할 수 있고, 실업급여로 최대 일일 66,000원을 수령할 수 있다. 그렇지만 9개월 이후 몇 년 동안은 소득이 없는 소득 공백기를 맞이할 수 있다. 당장 생활비가 부족해질 수도 있다. 이때 검토해 볼 수 있는 것 중 하나가 국민연금을 정해진 나이보다 일찍 받는 조기노령연금을 신청하는 것이다.

조기노령연금은 시기를 앞당겨 받는 만큼 정해진 시기에 받는 연금보다 금액이 줄어든다. 정해진 나이보다 최대 5년 전부터 수령할 수 있는데, 1년에 6%(월 0.5%)씩 감액되어 지급된다. 노령연금 200만 원 수령을 예상했던 사람이 5년 일찍 조기노령연금을 신청하면, 6%×5년=30% 깎인 140만 원에서 연금이 개시된다.

〈표 16〉 조기노령연금의 감액 비율과 금액

조기 수령	노령연금	감액 비율	조기노령연금
1년	2,000,000	6%	1,880,000
2년	2,000,000	12%	1,760,000
3년	2,000,000	18%	1,640,000
4년	2,000,000	24%	1,520,000
5년	2,000,000	30%	1,400,000

연금이 한 번 개시되면 개시된 금액을 기준으로 전년도 물가상승률을 반영하여 다음 해 연금액이 정해진다. 즉, 평생 연금액이 상당히 줄어드니 신중할 필요가 있다.

조기노령연금을 신청할 수 있는 사람은 국민연금 납부기간이 10년 이상이고, '소득(근로소득+사업소득)이 있는 업무'에 종사하지 않는 경우에 본인이 신청해 개시할 수 있다. 2025년의 경우 월평균 소득금액 308만 9,062원(연 3,706만 8,744원)보다 소득이 많은 경우 신청할 수 없다.

 더 알아보기

소득이 있는 업무(국민연금법 시행령 제45조)
연금수급자의 소득이 있는 업무란 사업장 근로자와 사업자 등록자 구분 없이 소득세법 규정에 따른 사업소득금액, 근로소득금액을 합산한 금액을 당해연도 종사 개월 수로 나눈 금액이 전년도 연말 기준으로 산정된 연금 수급 전 3년간의 전체 가입자의 평균소득월액의 평균액(국민연금에서 말하는 'A값', 2025년 경우 월 3,089,062원)보다 많은 경우 '소득이 있는 업무'에 종사하는 것으로 본다.

월평균 소득금액: {근로소득금액+사업소득금액}÷종사 개월 수
근로소득금액=총급여-근로소득공제액
사업소득금액=총수입금액-필요경비
※ 종사 개월 수는 해당 연도 사업소득금액과 근로소득금액을 기준으로 해당 연도 1월부터 12월까지 기간 중 소득 활동에 종사한 기간

② 연기노령연금(연기연금)

연기노령연금(이하 연기연금)은 정해진 연금개시일부터 최대 5년까지 연금을 늦게 받는 제도이다. 늦게 받는 만큼 연금액이 늘어난다. 연금액의 전부 또는 일부에 대해 지급 연기를 신청할 수 있는데, 연기비율은 노령연금의 50%, 60%, 70%, 80%, 90%, 100% 중 가입자 본인이 선택할 수 있다.

연기연금은 연기된 1년마다 7.2%(월 0.6%)씩 연금액을 올려서 지급한다. 노령연금이 200만 원인 가입자가 최대 5년 연기연금을 신청하면 36% 증액된 272만 원을 수령할 수 있다. 그러나 연금 수령 중에 본인이 사망하면, 유족에게 지급되는 유족연금 지급액은 272만 원이 아닌, 노령연금액 200만 원이 기준이 된다. 즉 200만 원의 60%인 120만 원이 유족연금으로 지급된다.

③ 분할연금

분할연금은 이혼한 배우자의 국민연금을 나누어 받는 제도이다. 혼인 기간이 5년 이상일 경우, 배우자의 정신적 · 물질적 기여를 인정하고 그 기여분을 분할하여 지급함으로써 이혼한 배우자의 안정적인 노후생활을 보장한다.

분할연금은 배우자와 이혼을 한 상태에서 배우자였던 사람이 노령연금 수급권자일 때 신청할 수 있으며, 배우자였던 사람의 노령연금액(부

양가족연금액 제외) 중 혼인 기간에 해당하는 연금액의 1/2을 지급한다. 분할연금을 신청하려면 신청자 본인의 연령 또한 연금개시연령에 도달해야 한다.

2) 장애연금

장애연금은 국민연금 가입자(였던 자)가 질병이나 부상으로 신체적 또는 정신적 장애가 남았을 때 장애로 줄어든 소득을 보전하고, 본인과 가족의 안정된 생활을 보장하기 위한 급여이다. 장애정도(1~4급)에 따라 일정한 급여를 지급한다. 질병이나 부상의 초진일 당시 일정한 가입기간이 있고, 완치 후에도 장애가 남은 경우 등등 일정 요건을 충족하여야 한다. (장애연금의 세부 요건은 국민연금공단 홈페이지 [연금정보-알기쉬운 국민연금-연금 종류 및 청구-장애연금] 참고.)

다만, 장애연금을 받는 사람이라도 18세 이상 60세 미만인 기간에는 국민연금 가입대상이다. 근로소득이나 사업소득 등이 있는 경우에 연금보험료를 납부해야 한다.

더 알아보기

장애연금의 수급요건
① 질병 또는 부상의 초진일 당시 연령이 18세 이상이고 노령연금 지급 연령 미만일 것.
② 다음 중 하나에 해당할 것
  • 초진일 당시 가입기간이 10년 이상일 것
  • 초진일 당시 연금보험료를 낸 기간이 가입대상 기간의 3분의 1 이상일 것
  • 초진일 5년 전부터 초진일까지의 기간 중 연금보험료를 낸 기간이 3년 이상일 것(단, 3년 이상 체납기간이 없을 것)

3) 유족연금

유족연금은 국민연금을 받던 사람이 사망하면, 그 유족에게 일정 부분을 지급하는 제도이다. 국민연금에 일정한 가입기간이 있는 사람, 노령연금이나 장애등급 2급 이상의 장애연금을 받던 사람이 사망하면 그에 의해 생계를 유지하던 유족에게 가입기간에 따라 일정 비율의 기본연금액에 부양가족연금액을 합한 금액을 지급해 남은 가족들이 안정되게 살 수 있도록 돕는다.

국민연금 가입기간이 20년 이상인 가입자가 사망할 경우에 배우자가 공적연금에 가입되어 있지 않다면, 유족연금은 '사망한 배우자의 기본연금액 60%+부양가족연금액'으로 지급된다.

그런데, 배우자도 공적연금에 가입되어 있다면 중복으로 수령할 수 있을까? 이 경우 배우자의 공적연금이 어떤 종류인지에 따라서 달라진다. 부부인 A와 B의 경우를 보자.

〈표 17〉 배우자가 먼저 사망했을 때 공적연금 중복 수령 여부

A의 공적연금	B의 공적연금	생존한 배우자의 공적연금
국민연금	국민연금	[본인의 노령연금+ 배우자 유족연금의 30%]와 배우자의 유족연금 중 선택
특수직역연금	특수직역연금	본인 퇴직연금+배우자 유족연금의 50%
국민연금	특수직역연금	본인 노령연금+배우자 유족연금
특수직역연금	국민연금	본인 퇴직연금+배우자 유족연금

※ 특수직역연금: 공무원연금, 사학연금, 군인연금, 별정우체국연금

국민연금 가입자 또는 노령연금 수급자가 사망하면 사망 당시 배우자에게 유족연금을 지급한다. 유족연금 수령액은 사망자의 국민연금 가입 기간에 따라 달라진다. 국민연금 가입 기간이 10년 미만이면 기본연금의 40%, 10년 이상 20년 미만이면 기본연금의 50%, 20년 이상이면 기본연금의

60%에 해당하는 유족연금이 지급된다. 그러나 본인의 노령연금과 유족연금을 중복해서 수령할 수는 없다. 둘 중 하나를 선택해야 하는데, 이때 생존한 A 씨가 유족연금(사망한 배우자 B 씨가 받던 노령연금의 60%)을 포기하면 포기한 금액의 30%를 노령연금에 더해서 수령하게 된다.

가입자 형태가 가장 많은 '본인과 배우자 모두 국민연금에 가입한 경우'에, 부부 생존 시와 배우자가 사망하였을 경우 연금 수령액을 비교해 보자.

⟨표 18⟩ 배우자가 먼저 사망했을 때 공적연금 수령 가능액

구분	A의 연금	B의 연금	지급 총액
부부 A와 B 모두 생존 시	2,000,000	410,430	2,410,430
A 사망, B 생존 시	1,200,000 (2,000,000×60%) : 유족연금		1,200,000
	360,000(1,200,000×30%) : 유족연금의 30%	410,430	770,430
A 생존, B 사망 시		246,258(410,430×60%) : 유족연금	246,258
	2,000,000	73,877(246,877×30%) : 유족연금의 30%	2,073,877

A의 국민연금 노령연금 200만 원, B의 국민연금 노령연금 41만 430원일 경우, 부부 모두 생존 시 각각 연금이 지급되어 총 241만 430원을 수령한다.

A가 사망하고 B가 생존할 경우 [B의 노령연금+A의 유족연금의 30%]인 770,430원보다 [A의 유족연금]이 유리하므로 1,200,000원을 수령한다. A가 생존하고 B가 사망할 경우 [B의 유족연금 60%]인 246,258원보다 [A의 노령연금+B의 유족연금 30%]를 수령하는 것이 유리하므로 2,073,877원을 수령한다.

유족연금을 받을 수 있는 범위

유족연금을 받을 수 있는 사람은 사망자에 의하여 생계를 유지하고 있던 가족으로, 배우자(사실혼 배우자 포함), 자녀(25세 미만 또는 장애등급 2급 이상), 부모(배우자의 부모 포함, 60세 이상 또는 장애등급 2급 이상), 손자녀(19세 미만 또는 장애등급 2급 이상), 조부모(배우자의 조부모 포함, 60세 이상 또는 장애등급 2급 이상) 순위 중 최우선 순위자가 받을 수 있다.

※ 부모, 조부모의 연령 요건은 연금 수급 연령과 동일하게 출생연도에 따라 달라짐 (만 60세~65세)

04
국민연금 수령액을 높이는 방법

직장에 입사하게 되면 의무적으로 국민연금에 가입된다. 그러나, 신고되는 소득이 없는 경우에는 의무가입이 아니기 때문에 국민연금을 선택적으로 가입할 수 있다. 소득이 없을 때는 매달 국민연금을 납입하는 것은 부담이 될 수 있지만, 상황이 개선되어 소득이 발생하면 소득의 일정 비율은 반드시 노후준비에 배분해야 한다. 국민연금 수령액을 높일 방법을 알아보자.

1) 임의가입과 임의계속가입을 활용하자

임의가입은 국민연금의 의무가입 대상이 아닌 사람이 본인의 희망에 의해 60세 이전에 국민연금에 가입하여 노령연금 등의 혜택을 받을 수 있도록 한 제도이다.

임의계속가입은 60세 이상의 가입자 또는 가입자였던 사람이 가입기간이 부족해 연금을 받지 못할 경우 가입기간을 연장하거나, 더 많은 연금을 받기 위해 신청하는 제도이다. 국민연금은 가입기간이 최소 10년 이상이어야 연금수급권이 발생하기 때문에 가입기간은 매우 중요하다. 〈표 19〉는 국민연금 홈페이지에서 요약한 노령연금 예상월액표이다.

〈표 19〉 임의가입 월 9만 원(기준소득월액 100만 원) 납입 시 수령액

자료: 국민연금 홈페이지

구분	10년 납입 시	20년 납입 시	30년 납입 시
납입 총액(A)	10,800,000	21,600,000	32,400,000
연금 수령총액(B) (20년 수령 가정 시)	49,435,200	98,503,200	147,573,600
납입액 대비 수령액 비율(B/A)	458%	456%	455%
월 수령액	205,980	410,430	614,890

임의가입자는 최소 기준소득월액이 100만 원이기 때문에 최소 월 9만 원의 연금보험료를 납부해야 하며, 10년 동안 납입하면 총 1,080만 원의 연금보험료를 납부하게 된다. 가입기간이 10년이 경과된 상태에서 연금개시연령에 도달하면 표 19에서 보듯이 월 20만 5,980원의 연금을 종신토록 수령할 수 있다.

국민연금은 종신형 연금이기 때문에 평생 연금을 수령할 수 있지만, 평균 20년간 수령한다고 가정할 때 납입 원금 대비 4배 이상 연금을 수령하므로 개인연금으로 노후를 준비하는 것보다 우선하여 국민연금 임의가입과 임의계속가입제도를 활용하는 것이 필요하다. 연금액은 매년 전년도 물가상승률만큼 증액된다.

2) 반환일시금을 반납하자

예전에는 직장가입자가 10년을 근속하지 않은 상태에서 퇴직하면 그동안 납부했던 국민연금을 퇴직 시점에 일시금으로 수령하였다. 국민연금은 가입기간이 10년 이상이어야 연금수급권이 발생하므로 연금으로는 받지 못하는 것이다. 그런데, 위에서 설명한 것처럼 임의가입제도나 임의계속가입제도를 활용하면 국민연금 가입기간을 10년 이상 채우는 것이 가능하다.

반환일시금의 반납이란 종전에 수령한 반환일시금에 연도별로 공시된 은행 정기예금 이자를 더해 반납하는 제도이다. 반환일시금의 반납제도는 강제 사항은 아니다. 그러나 1998년과 2007년에 국민연금법이 개정되면서 소득대체율이 계속 하락하고 있기 때문에 소득대체율이 높았던 기간에 연금보험료를 납부하는 것이 연금 수령액 증가에 많은 도움이 된다.

3) 추후납부제도(추납제도)를 활용하자

추후납부제도(이하 추납제도)는 실직, 이직, 사업 중단 등으로 소득 활동이 어려워 보험료를 내지 못한 기간에 대해 추후에 납부하는 제도이다. 한마디로 '빵꾸 난' 국민연금 보험료를 메우는 것이다. 국민연금에 가입한 이력이 있거나 현재 임의가입자 또는 임의계속가입자라면 추후납부를 신청하면 된다. 이전에 내던 연금보험료가 아니라 현재 시점의 연금보험료로 신청대상 기간에 대해 납부한다.

현재 매월 9만 원의 연금보험료를 납부하고 있는 임의가입자가 과거 납부하지 않았던 연금보험료를 최대 10년 치를 납부할 수 있는데 강제 사항은 아니다. 많은 사람들이 추납제도를 활용하는 것은 이자를 조금 더 내더라도 납부기간을 늘려 보험료를 내는 것이 연금 수령액 증가에 많은 도움이 되기 때문이다. 국민연금법이 개정되면서 소득대체율이 계속 하락하고 있기 때문에 소득대체율이 높았던 기간에 연금보험료를 납부하는 효과가 있다. 가입자가 추납제도를 활용하여 납부할 연금보험료가 있는지 여부는 국민연금 콜센타(국번없이 1355)로 본인이 문의하면 된다.

국민연금은 1988년에 도입한 이후 몇 차례 연금개혁이 이루어졌다. 1998년 1차 연금개혁을 통해 소득대체율이 70%에서 60%로 낮아졌고, 2008년에 50%, 2028년부터는 40%로 낮아지도록 조정되었지만, 2026년에는 43%로 소폭 인상될 예정이다.

소득대체율은 가입 기간이 40년일 때 생애 평균 소득 대비 받을 수 있는 연금액의 비율이다. 소득대체율이 낮아지면 동일한 연금보험료를 납부해도 국민연금 수령액이 적어진다. 따라서, 임의가입자는 지금부터 계속 납입하여 최소 가입기간 10년을 채우는 것보다 ① 일시금 전액 반납 ② 추납제도를 활용해서 납부하지 않았던 연금보험료를 최대 10년까지 납부하고 ③ 지금부터 연금개시연령까지 계속 임의가입자로 연금보험료를 납부하면 국민연금 연금 수령액을 많이 높일 수 있다. 자세한 상담은 국민연금공단 지사를 방문하거나 콜센터(국번없이 1355)로 문의하면 된다.

4) 국민연금의 감액 제도와 연기노령연금

국민연금 가입기간이 10년 이상이고 지급개시연령에 도달하여 노령연금을 받는 사람이 있다. 그런데 그가 소득이 있는 업무에 종사하게 되면 국민연금은 정상적으로 지급될까? 많은 은퇴(예정)자들이 궁금해하는 사항이다.

답은 '소득이 일정 금액 이상이 되면 감액될 수 있다.'는 것이다. 여기서 소득은 근로소득금액과 사업소득금액(부동산임대소득 포함. 이자와 배당, 기타소득은 포함되지 않음)을 합산한 금액이다. [근로소득금액=세전 총급여 - 근로소득공제], [사업소득금액=세전 총수입 - 필요경비]로 계산된다. 즉, 세전 총수입이 아니라 근로소득공제와 필요경비가 공제된 금액이다.

이 소득이 월평균 소득금액인 A값(2025년 기준, 월 3,089,062원)을 넘으면 감액 대상이 된다. 근로소득만 있는 경우 2025년 기준 세전 총수입이 월 4,106,907원 초과(연간 세전 총급여 49,282,888원 초과)하면 감액 대상이 된다.

월평균 소득금액과 A값

월평균 소득금액: 소득세법 규정에 따른 본인의 사업소득 금액(부동산임대소득 포함)과 근로소득금액을 합산한 금액을 소득이 발생한 연도의 종사(근무) 개월 수로 나눈 금액

A값: 연금수급 전 3년간 전체 사업장가입자 및 지역가입자의 평균소득월액의 평균액. 근로소득공제와 필요경비가 공제된 금액

〈표 20〉에서 보듯이 연간 세전 총급여가 49,282,888원이라면, 근로소득공제 12,214,144원을 공제받아 근로소득금액은 37,068,744원이 된다. A값은 월평균 소득금액이므로 37,068,744원/12개월=3,089,062원이 된다.

따라서, 국민연금을 수령하면서 근로활동을 하는 경우라 하더라도 사업소득(부동산 임대소득 포함)이 없다면, 2025년 기준 세전 월 급여가 410만 6,907원을 초과할 경우에만 국민연금이 감액 지급된다. 감액 최대

한도는 구간별로 다르지만 노령연금의 최대 50%이며, 지급개시 연령부터 5년간 감액되고 감액기간에는 부양가족연금액은 지급되지 않는다.

〈표 20〉 소득 구간별 국민연금 감액 기준

자료: 국민연금 홈페이지

A값 초과소득월액	노령연금 지급 감액분	월 감액금액	근로소득만 있는 경우	
			월 급여	총 급여
100만 원 미만	초과소득월액의 5%	5만 원 미만	4,106,907원 초과	49,282,888원 초과
100만 원 이상 200만 원 미만	5만 원 + (100만 원을 초과한 소득월액의 10%)	5~15만 원 미만	5,159,539원 이상	61,914,467원 이상
200만 원 이상 300만 원 미만	15만 원 + (200만 원을 초과한 소득월액의 15%)	15~30만 원 미만	6,212,170원 이상	74,546,046원 이상
300만 원 이상 400만 원 미만	30만 원 + (300만 원을 초과한 소득월액의 20%)	30~50만 원 미만	7,264,802원 이상	87,177,625원 이상
400만 원 이상	50만 원 + (400만 원을 초과한 소득월액의 25%)	50만 원 이상	8,317,433원 이상	99,809,204원 이상

국민연금 감액이 불합리하다고 생각하면, 연기노령연금을 검토할 수 있다. 정해진 나이보다 국민연금을 늦춰 받는 연기노령연금은 1년마다 연 7.2%(월 0.6%)씩 연금액이 증액된다. 연기 기간은 최대 5년까지 가능하며, 평균수명보다 더 오래 생존한다면 좋은 대안이 될 것이다.

05
국민연금에 대한 주요 상담사례

은퇴자나 은퇴 예정자들을 상담하다 보면 국민연금에 대한 질문을 많이 받게 된다. 국민연금은 은퇴 후 주요 수입원이기 때문에, 궁금한 점이 많을 수밖에 없다. 자주 받는 질문 몇 가지를 정리해 보았다.

퇴직 이후에도 국민연금을 계속 납부해야 하나요?

국민연금은 소득이 있는 경우에는 의무가입이지만, 퇴직 이후 소득이 없는 기간에는 의무가입은 아니기 때문에 납부 의무는 없다. 국민연금을 더 많이 수령하기 위해 본인이 희망한다면, 임의가입자로 연금보험료를 계속 납부할 수 있다.

임의가입자는 사업주가 지원하는 금액이 없으므로 본인이 9%의 연금보험료를 부담해야 한다. 최저 기준소득월액이 100만 원이기 때문에 월 9만 원 이상의 연금보험료를 납부해야 하며, 연금보험료를 증액하여 납부하는 것도 가능하다.

국민연금공단 지사를 방문하거나 콜센터(국번없이 1355)로 문의하면 연금개시연령까지 임의가입자로 납부했을 때 연금 수령액이 얼마나 증액되는지 시뮬레이션이 가능하다. 또는 국민연금 홈페이지 로그인 후 예상연금 모의계산을 통해 계산해 볼 수도 있다.

국민연금은 평생 지급되는 종신형 연금이고, 매년 물가상승률을 반영하여 연금액을 조정해주는 장점이 있기 때문에 퇴직 이후에도 국민연금을 계속 납부하는 사람들이 2025년 4월 말 기준으로 임의가입자 313,400명과 임의계속가입자 470,901명이 있다.

조기노령연금을 신청하면 유리한가요?

조기노령연금을 신청하면 연금을 연금개시연령보다 일찍 수령하지만, 1년 앞당길수록 6%씩 감소된 연금을 수령한다. 평균수명 이상으로 생존할 경우 총수령연금액은 정상적으로 연금개시연령에 수령한 사람보다 적은 금액을 수령하게 된다.

〈표 21〉 조기 수령과 일반 수령의 비교

〈표 21〉처럼 63세에 국민연금을 월 150만 원 수령할 수 있는 은퇴자가 최대 5년 조기노령연금을 신청하면 30% 감액된 월 105만 원을 수령하게 된다. 물가상승률을 연 3%로 가정 시, 조기노령연금을 5년 일찍 개시하여 58세부터 월 105만 원으로 수령을 시작하면 72세까지 수령한 연금 총액은 2억 3,424만 원이다. 정상적으로 63세부터 150만 원으로 수령을 시작하면 72세까지 수령한 연금 총액이 2억 4,012만 원이다.

그러나 조기노령연금은 당장의 현금흐름을 위해서는 긴요한 일일 수도 있다. 국민연금 발표에 따르면 조기노령연금 신규 수급자는 꾸준히 늘어 2023년에 10만 명을 돌파했다고 한다.

국민연금도 세금을 공제하나요?

국민연금을 받을 때도 세금을 뗀다. 연말정산에서 납부했던 국민연금보험료에 대해 소득공제를 받았기 때문이다.

1988년부터 국민연금보험료를 납부했어도 연말정산에서 본인이 납부한 국민연금보험료를 100% 소득공제 받은 시점은 2002년부터이다. 1988년부터 2000년까지 납입분은 소득공제를 받지 않았고, 2001년에는 본인 납부액의 50%를 소득공제 받았지만 과세가 되지 않는다. 따라서 국민연금 수령액에 대한 과세대상 금액은 아래와 같이 계산한다.

$$\text{총수령액} \times \frac{\text{2002년 1월 1일 이후 불입기간 동안의 환산소득의 누계액}}{\text{총불입기간 동안의 환산소득의 누계액}}$$

가입자가 국민연금을 신청할 때, 부양가족이 있는지 여부를 함께 신고한다. 국민연금공단에서는 매월 연금을 지급할 때 연금소득세를 원천징수하고 지급한다. 국민연금을 1988년부터 2024년까지 37년 동안 납입하고 연간 2,000만 원을 수령하는 경우, 과세대상 금액은 대략 1,350만 원으로 예상되고, 연금소득세는 〈표 22〉와 같이 계산된다.

〈표 22〉 국민연금의 연금소득세

구분	금액(단위: 원)	산출근거
과세대상 연금액	13,500,000	
– 연금소득공제	6,200,000	(490만 원 + 700만 원 초과액의 20%)
연금소득금액	7,300,000	
– 인적공제	3,000,000	본인 및 배우자 각 150만 원 공제
과세표준	4,300,000	
산출세액	258,000	소득세율 6% 적용

부양가족이 많으면 국민연금을 더 받을 수 있나요?

국민연금을 받는 사람에게 부양가족이 있는 경우 가족수당 성격의 추가 급여를 지급하는데 이를 부양가족연금이라고 한다. 지급 대상은 배우자, 19세 미만의 자녀 또는 장애 2급 이상이거나 '장애인복지법'상의 심한 장애인, 주민등록표상 같이 등재되어 있는 부모(배우자의 부모 포함)가 해당된다.

다만, 국민연금을 포함한 다른 공적연금을 받고 있는 사람은 부양가족연금 대상이 될 수 없다. 또, 한 사람이 두 명 이상 국민연금 수급자의 부양가족연금 대상이 될 수는 없다. 부양가족으로 인정되면, 2025년 1월 기준으로 배우자는 연 30만 330원(월 2만 5,028원), 자녀와 부모는 연 20만 160원(월 1만 6,680원)이 추가 지급된다.

4장

퇴직연금

　퇴직연금은 근로자의 노후 소득 보장을 위해 퇴직금 일부 또는 전부를 금융기관에 예치하여 퇴직금의 지급 가능성을 강화하는 제도이다.

　근로자는 퇴직하면 회사로부터 퇴직금을 받는다. 이는 '근로자퇴직급여보장법'에 명시되어 있는 기본 권리로, 회사가 퇴직급여제도를 강제로 설정하도록 만들어 보호하고 있다. 퇴직금은 퇴직할 때 받을 권리가 생긴다. 퇴직급여제도를 미리 설정해 근로자의 퇴직금에 대한 수급권을 보호하는 것이다.

01
퇴직급여제도의
역사와 성격

1) 우리나라 퇴직급여제도의 역사

퇴직급여제도의 역사는 한국의 사회경제적 변화와 밀접하게 연결되어 있다. 퇴직금제도는 도입 초기인 1953년 강제성 없는 임의 제도로서 도입되었으나, 1961년에 법정 강제 사항으로 변경되었다. 근로환경의 변화에 따라 퇴직금의 필요성이 강조되어 상시 근로자 30인 이상 기업에 적용되도록 하였다.

1997년 IMF 경제위기 이후, 근로자의 고용 형태가 변화하고 비정규직 근로자가 증가하면서 기존 퇴직금제도의 한계가 드러났다. 2005년 '근로자퇴직급여보장법'이 제정되면서 퇴직연금 제도가 시행되었다. 이 법으로 현재의 퇴직연금 제도가 정립되고, 퇴직한 근로자의 최소한의 생활 안정을 보장하기 위한 다양한 제도를 포함하고 있다.

퇴직금제도, 퇴직신탁, 퇴직보험, 종업원퇴직적립보험, 퇴직연금 제도,

퇴직급여제도는 모두 퇴직금제도가 변화하면서 생겨난 이름이다. 지금 우리나라에 있는 제도는 '퇴직급여제도'이다.

퇴직급여제도는 기존의 퇴직금제도와 퇴직연금 제도로 나뉜다. 퇴직금은 회사 적립금으로 근로자 퇴직 시 일시금으로 지급하는 형태로, 회사 상황이 안 좋을 경우 체불될 위험이 있다. 퇴직연금 제도는 회사와 계약을 맺은 외부의 금융기관에 적립하고 운용하는 형태로, 확정급여형(Defined Benefit Plan, 이하 DB), 확정기여형(Defined Contribution Plan, 이하 DC)으로 구분된다. DB형은 회사가 정해진 금액의 퇴직금을 지급하는 방식, DC형은 근로자가 스스로 적립하고 운용하는 방식이다.

2010년에는 모든 사업장에서 퇴직연금 제도를 의무적으로 도입하도록 법이 바뀌었다. 이로 인해 많은 기업들이 퇴직연금 제도를 운영하게 되어 근로자에게 더 나은 노후준비를 가능하게 하였다. 2020년대 이후 노후 문제에 대한 사회적 관심이 높아지면서 퇴직급여제도의 개선과 다양화가 지속적으로 논의되고 있다.

퇴직연금 제도의 가장 큰 특징은 퇴직연금 적립금의 사외 적립이다. 퇴직연금 제도가 시행될 당시 DB형 제도의 사외 의무적립비율은 60%였다. 정부는 근로자의 수급권을 강화하기 위해 사외 의무적립비율을 확대해, 2016년에 80%, 2022년부터 100%로 높여 근로자의 권리를 강화하였다.

2) 퇴직급여의 성격

퇴직급여는 근로자가 퇴직할 때 지급되는 금전적인 보상을 의미하는데 3가지 성격이 있다.

첫째로 사회보장적 성격이다. 퇴직급여는 근로자의 안정된 노후생활을 보장하기 위한 기능을 갖고 있다. 근로자가 일을 그만둔 후에도 기본적인 생활 수준을 유지할 수 있도록 돕는 역할을 한다. 우리 사회는 퇴직급여 제도를 통해 근로자들이 퇴직 후에도 경제적으로 어려움을 겪지 않도록 지원하고 있으며, 이는 사회 안전망의 일환으로 볼 수 있다.

둘째로 공로보상적 성격이다. 근로자는 일정 기간 회사에 기여한 만큼 퇴직금이라는 형태로 기업에 기여한 공로를 보상받는다는 뜻이다. 이는 근로가 오랜 시간 동안 근무하며 쌓아온 경험과 기여도를 인정받는 시스템으로 작용한다.

셋째로 임금 후불의 성격이다. 근로자의 평균임금에 기반하여 계산되고, 근속 기간이 늘어날수록 퇴직금 액수가 오른다는 점에서 퇴직급여는 '후불 임금'의 성격을 지닌다.

이와 같은 퇴직급여의 성격은 한국에서 퇴직급여제도가 정착되는 과정에서 점차 명확해져 왔다. 특히, 장기근속자에게 비용을 보전하는 성격을 강화하고, 근로자의 권리를 더 명확히 하는 방향으로 발전하고 있다. 예를 들어, 퇴직금이 '법적으로 보장된 소득의 일환'으로 인식되면서 근로자에게 추가적인 재정적 안정감을 제공하고 있다. 퇴직급여는 단순한 금전 지급의 의미를 넘어, 근로자의 삶의 질을 높이고 장기적인 안정성을 제공하는 중요한 제도로 기능하고 있다. 사회의 발전과 더불어 퇴직급여의 성격도 지속적으로 진화하고 있으며, 앞으로도 더 많은 논의와 수정을 통해 근로자에게 보다 나은 보호를 제공할 것으로 기대된다.

02
퇴직연금 제도의 유형

퇴직연금 제도에는 확정급여형(DB), 확정기여형(DC), 혼합형(DB+DC), 개인형퇴직연금(IRP)이 있다.

1) 확정급여형(DB)

DB형(확정급여형) 퇴직연금은 일반적인 의미의 '퇴직금'이다. 근로자가 퇴직 시 받을 퇴직급여 금액이 사전에 정해져 있다. 퇴직금제도와 비슷하나 이전에는 회사가 부도가 나면 퇴직금을 받을 수 없었지만, DB형은 별도의 금융회사에 적립하므로 안전하다. 회사가 매년 근로자의 퇴직금을 사외 금융회사에 적립하고, 근로자가 퇴직할 때 해당 금융회사에서 퇴직금을 수령한다. 퇴직금의 산출식은 다음과 같다.

최종 퇴직 직전 3개월간의 평균 급여×근속연수=지급액

예를 들어 DB형을 채택한 회사에서, 퇴직 직전 3개월 평균임금의 30일분이 360만 원(세전)인데 만 3년을 근무하고 퇴직하면, 퇴직금은 360만 원×3년=1,080만 원(세전)이 된다.

DB형의 가장 큰 장점은 퇴직급여가 사전에 결정되어 있어 근로자가 은퇴 후 받을 금액이 확실하다는 것이다. 변동성이 적어 안전한 노후 자금으로 여겨진다. 따라서, 임금상승률이 높고 장기근속이 가능한 근로자, 즉 승진 기회가 많고 안정적인 수입을 예상할 수 있는 환경에 있는 사람들에게 유리하다. 물론, 경제적 상황 변화나 기업의 재정 건전성도 살펴보며 판단해야 할 것이다.

회사가 적립한 퇴직금은 별도의 금융기관에서 운용되며, 발생한 운용 수익은 사용자(회사)에 귀속된다. 근로자는 투자에 대한 책임이 없다. 근로자 본인이 직접 투자를 원하지 않을 경우, 안정성을 중시할 경우에 매력적이다. 회사 입장에서는 법인세가 경감되는 장점이 있다.

그러나 단점도 있다. DB형은 근로자 퇴직 전까지 중도인출이 불가능하다. 또 회사가 의무적으로 사외 적립비율을 100% 유지해야 하므로 회사의 부담이 커질 수 있다. 최근의 금리 인하 및 낮은 운용 성과로 인해 회사 부담이 증가하자 많은 회사에서 DC형(확정기여형) 전환을 검토하고 있다.

DB형에서 DC형으로 전환하는 것은 가능하나, 그러나 그 반대는 불가능하다.

2) 확정기여형(DC)

DC형(확정기여형) 퇴직연금은 근로자가 자신의 퇴직금 적립금을 직접 운용하는 퇴직연금 제도이다. 회사가 매년 임금 총액의 1/12에 해당하는 금액을 근로자의 퇴직연금 계좌에 적립하고, 근로자가 이 적립금을 직접 투자하고 운용한다. 운용 성과에 따라 퇴직금 액수가 달라진다.

DC형의 장점은 근로자가 직접 다양한 금융상품에 투자할 수 있다는 점이다. 근로자는 본인의 투자성향에 따라 손실을 감수해도 더 높은 수익을 추구할 수 있다. 주식형 펀드, 채권, 리츠, ETF 등에 투자해 성공적인 운용 결과를 낸다면 퇴직 시 수령하는 금액이 상당히 증가할 수 있다.

그러나 DC형은 근로자가 운용 성과에 전적으로 책임을 지므로 투자 손실을 직접 감수해야 한다. 선택한 투자상품이 좋지 않은 성과를 내게 되면 퇴직금이 줄어들 위험이 있다. 투자 성과의 불확실성 때문에 투자에 대한 이해와 지식이 반드시 필요하다.

DC형 퇴직연금은 근로자가 중도인출을 할 수도 있다. 무주택자가 주택을 구입하는 등 법정 사유에 해당한다면 일정 금액을 인출할 수 있다. 이는 근로자 개인에게 목돈이 필요할 경우 유용하게 이용할 수 있는 옵션이다.

DC형 퇴직연금 중도인출 법정 사유
- 무주택자인 가입자가 본인 명의로 주택을 구입할 때
- 무주택자인 가입자가 주거 목적으로 전세금/임차보증금을 마련할 때
- 가입자, 가입자의 배우자, 부양가족이 6개월 이상 요양해야 할 때
- 5년 이내 가입자가 개인회생 개시 결정 또는 파산선고를 받았을 때
- 자연 재난 또는 사회재난으로 사람 또는 재산상 피해가 발생했을 때

3) 혼합형(DB+DC)

혼합형(DB+DC) 제도는 근로자가 DB형과 DC형, 2가지 퇴직연금 제도에 동시에 가입하도록 허용하는 방식이다(2022. 7. 26 근로자퇴직급여보장법 개정을 통해 도입됨). 근로자는 안정적인 DB형의 급여 보장과 더불어, DC형의 운용수익을 동시에 활용할 수 있다.

예를 들어, 한 회사에서 DB형 40%와 DC형 60%의 혼합형 제도를 도입한 경우, 근로자의 퇴직급여는 DB형에서 3년에 해당하는 기본 급여의 40%와 DC형에서 사업주가 3년 동안 납부한 금액을 근로자가 운용한 성과에 따라 산정된다. DC형은 임금인상률보다 투자수익률이 높을 때 유리하다.

회사는 DC 부분만큼 미래에 지급해야 할 퇴직급여(퇴직급여 충당부채)를 줄일 수 있고, 근로자는 DB 부분으로 적립금 운용의 부담을 줄이면서, DC 부분으로 적립금을 다양한 방법으로 운용할 수 있다.

혼합형 제도 도입에는 몇 가지 조건이 따른다.

첫째, 사용자는 DB형과 DC형 2가지 퇴직연금 제도를 모두 설정해야 하며, 각각에 대한 적립금은 별도로 관리해야 한다.

둘째, 혼합형 제도의 비율, 즉 혼합비율은 회사가 설정한 규약(예를 들면 DB형 60%와 DC형 40%)에 따라 결정된다. 한 회사의 모든 근로자는 동일한 비율을 적용받으며, 개별적으로 선택할 수는 없다.

셋째, 2가지 제도의 각각 부담금 비율은 법에서 정한 최소 기준을 충족해야 한다. DB형 보장 급여는 계속 근로기간 1년에 대한 30일분의 평균임금 이상이어야 하고, DC형의 연간 부담금은 가입자 연간 임금 총액의 1/12 이상이어야 한다.

혼합형 제도의 특징은 다음과 같다.

- **추가 납입:** 재직 중인 근로자는 DC형 부분에 대해 추가로 납입할 수 있다. 연금계좌와 합산해 연간 1,800만 원까지 납입할 수 있다.
- **세액공제:** 근로자는 개인의 추가 납입분에 대해 세액공제를 받을 수 있다. 연금계좌와 합산해 연간 900만 원까지 세액공제를 받을 수 있다.
- **중도인출:** DC형으로 납입한 금액 일부는 법정 사유에 한정해 중도인출이 허용된다. (DB형 부분에서 중도인출은 불가능하다.)

혼합형은 인센티브 및 성과급의 절세 수단으로 활용도가 높다.

4) 개인형퇴직연금(IRP)

IRP(Individual Retirement Pension, 개인형퇴직연금)는 근로자나 자영업자가 퇴직금과 추가 납입금을 운용하여 노후에 연금이나 일시금으로 받는 제도이다. IRP 계좌로 퇴직금을 수령하거나, 퇴직금과 별도로 개인이 추가 납입할 수 있다. 추가 납입금은 세액공제와 과세이연 혜택을 받으며 운용할 수 있어, 퇴직금을 관리하고, 노후 자금을 마련하기 위해 다양한 금융상품에 투자하여 개인이 자신의 은퇴 자산을 자유롭게 운용할 수 있다.

- **가입자격 및 한도:** 개인형 IRP는 소득이 있는 모든 사람(근로자, 공무원, 자영업자, 군인 등)이 가입할 수 있다. 퇴직금 제도로 퇴직금을 일시금으로 받는 경우 퇴직 후 60일 이내에 IRP 계좌를 개설할 수 있으며, 퇴직금을 IRP 계좌로 이체 받는다. 퇴직급여 외에 개인이 추가로 납입하는 금액은 연금계좌와 합산하여 연 1,800만 원 한도로

납입할 수 있다. 또, 연금계좌와 합산하여 연 900만 원까지 세액공제되므로, 세금 절감 효과를 누릴 수 있다.

- **세금 혜택**: IRP 계좌에 납입한 금액을 운용하는 동안 발생한 운용수익에 대한 과세는 연금 수령 시로 늦춰진다(과세이연). 즉 수익이 발생한 시점에 세금이 부과되지 않고, 55세 이후 연금을 수령할 때 상대적으로 낮은 세율로 연금소득세를 적용받는다. 그래서 IRP 계좌는 장기적인 노후 대비에 유리한 상품이다.
- **다양한 투자 옵션**: IRP 계좌에서는 정기예금, 채권, 주식형 펀드, ETF 등 다양한 금융상품에 투자할 수 있어 개인의 투자성향에 따라 포트폴리오를 구성할 수 있다. 자산운용을 자유롭게 선택할 수 있어, 효율적인 자산 분배 전략을 세울 수 있다.
- **가입 후 관리**: 근로자는 IRP 계좌를 자유롭게 관리할 수 있지만, 중도해지하면 기존에 적용받은 세액공제를 반환해야 한다. 그러므로 신중하게 계획하고 장기적인 관점에서 활용해야 한다. 가입기간이 5년이 넘고, 55세가 되면 퇴직 여부와 상관없이 연금으로 수령할 수 있다. 연금 수령 기간은 최소 10년 이상이어야 한다. 다만 퇴직금을 IRP 계좌로 받은 경우는 55세 이후 언제든 연금 수령이 가능하다.

10명 미만의 기업의 퇴직연금제도, 기업형 IRP

기업형 IRP는 상시 근로자 10명 미만의 기업에서 도입할 수 있는 퇴직연금 제도이다. 모든 직원에게 동의를 받은 후 설치될 수 있으며, 근로자대표의 동의가 필요한 부분에서 유연하게 운영되는 등

행정절차가 간소하다. 중소기업이나 규모가 작은 사업장에서 도입하기 편리하고, 잦은 이직이나 불안정한 고용 형태에 있는 근로자에게도 도움이 되는 제도이다. 퇴직연금 DC형의 변형된 제도로, 퇴직금을 수령하거나, 퇴직금과 별도로 자신이 따로 추가납입하여 세액공제를 받는 개인형 IRP와 다른 개념이다.

적립과 운용: 기업형 IRP를 도입한 사업자는 매년 근로자 임금 총액의 1/12 이상을 각 근로자의 기업형 IRP 계좌에 적립한다. 적립금 운용은 DC형 퇴직연금과 동일하다. 즉 근로자가 자신의 투자성향에 따라 포트폴리오를 구성하여 투자하게 된다. 근로자의 운용 결과에 따라 퇴직급여의 수준이 변동하게 되며, 장기근속자를 위해 보다 철저한 투자 관리를 시도할 수 있다. DC형처럼 기업형 IRP에서도 원리금보장상품으로 최소한 30% 이상 가입해야 한다.

연금 수급 요건: DC형과 동일하다.

세금 혜택과 중도인출: 기업형 IRP에 가입한 근로자는 사업자가 적립한 금액 외에 개인이 추가로 적립할 수 있으며, 추가 적립금에 대해 세액공제를 받을 수 있다. 주택구입 또는 긴급 의료비 지출 등 법에서 정한 사유에 해당할 경우 자금을 중도인출할 수 있다.

30인 미만의 중소기업 퇴직연금 기금제도, 푼른씨앗

중소기업 퇴직연금 기금제도인 '푼른씨앗'은 사업주와 근로자가 납입한 부담금을 공동의 기금으로 조성하여 운영하며, 퇴직 시 근로자에게 퇴직급여를 지급한다. 상시 근로자 수가 30인 이하인 중소기업을 대상으로 하며, 2022년 9월부터 근로복지공단이 운영한다. 사내 퇴직금 문제를 해결할 실마리가 되어 중소기업 근로자들에게 안정적인 노후를 보장할 수 있는 제도이다. 특히 병·의원 근로자들에게 호응이 높다.

재정 지원: 중소기업 퇴직연금 기금제도에 가입한 사업주는 월평균 보수가 최저임금의 130%(268만 원)미만 근로자에 대해 사용자 부담금의 10%를 3년 동안 국가에서 지원받을 수 있다. 1인당 26만 8,000원, 1회사당 최대 30명까지 지원하여 사업주의 부담을 상당히 줄일 수 있다.

수수료 면제: 기금 운영을 위한 수수료가 5년간 면제되어, 중소기업이 추가 비용 부담 없이 퇴직연금 제도를 운영할 수 있다.

안정적인 운용: 기금은 전문 기관에 의해 운용되며, 국내외 채권을 중심으로 안정성을 확보하면서도 주식형 자산에 분산투자하여 리스크를 관리하고, 안정적인 수익률을 목표로 한다.

쉬운 절차: 가입은 표준 계약서를 통해 간편하게 이루어질 수 있고, 별도의 노동청 신고가 필요 없다.

03
퇴직연금 제도의 여러 가지 선택

　퇴직금에 대한 권리는 근로자가 회사에 주장할 수 있는 임금채권이자, 회사로서는 지급할 의무가 있는 채무이다. 회사는 계속근로기간 1년에 대하여 30일분 이상의 평균임금을 퇴직금으로 퇴직 근로자에게 지급할 수 있는 제도, 즉 퇴직급여제도를 설정해야 한다. 퇴직급여제도는 2가지로 구분한다. 퇴직금의 지급 의무를 장부에만 기록하는 '퇴직금 제도'와 일정 금액을 미리 회사 밖의 금융기관에 예치하는 '퇴직연금제도'이다. 퇴직연금제도에는 DB(확정급여형), DC(확정기여형), DC형의 변형인 기업형 IRP가 있다. 퇴직연금제도에서 근로자가 선택해야 할 사항을 알아보자.

1) 퇴직연금 제도의 선택

회사가 도입할 수 있는 퇴직연금 제도는 다음과 같다.

〈표 23〉 퇴직연금 제도의 선택

회사가 제도 1개를 도입하면, 그 제도가 자신의 퇴직연금 제도가 된다. 회사가 2개 또는 3개를 도입한다면 그 제도 중 하나를 선택해야 한다. 이때의 결정이 퇴직연금 자산의 결과에 영향을 미치므로, 어떤 것이 자신에게 유리한지 따져봐야 한다.

① DB형, DC형 중 나에게 유리한 제도는 어떤 것일까?

DB형과 DC형 제도는 각각 장단점이 있으므로, 근로자는 자신의 상황, 직장 문화, 재정 상태 등 여러 요소를 고려해 자신의 제도를 결정해야 한다. 각 제도의 특성과 선택 기준을 알아보자.

DB형의 특징

- **퇴직급여 확정:** DB형은 퇴직 시 평균임금과 근속 연수를 기준으로 금액이 계산된다. 즉, 평균 급여가 높고 근속 연수가 길수록 퇴직급여가 증가한다.
- **안정성:** 근로자가 직접 자금을 운용하지 않으므로 안정적인 노후를 계획하는 데 유리하다.
- **운영 책임:** 기업이 퇴직금 운용과 관련된 모든 책임을 지고, 대부분의 리스크는 사용자인 기업에 있다.

DB형의 선택 기준

- **임금상승률이 높을 경우:** 퇴직 시 평균 급여가 고정된 구조에서 더 높은 금액을 수령할 수 있기 때문이다.
- **장기근속 계획:** 장기근속이 가능하고 승진 기회가 많다면, 근속 연수에 따라 퇴직급여가 확정적으로 높아지는 DB형이 유리하다.
- **안정성을 중시하는 경우:** 투자에 대한 자신감이 부족하거나 불확실성을 회피하고자 하는 근로자는 DB형을 선택하는 것이 바람직하다.

DC형의 특징

- **자율성과 수익성:** DC형은 근로자가 회사가 부담한 적립금(일반적으로 연봉의 1/12 이상)을 직접 운용한다. 수익률에 따라 퇴직금이 달라지며, 근로자의 투자 성과가 직접적인 영향을 미친다.
- **위험 부담:** 투자 결과에 따라 퇴직금이 달라지기 때문에 리스크가 높을 수 있다. 따라서, 근로자는 투자에 대한 지식과 경험이 요구된다.
- **중도인출 가능성:** DC형은 주거 목적 등 여러 측면에서 중도인출이 가능하여 긴급 자금 필요 시 유리하게 작용할 수 있다.

DC형의 선택 기준

- **빈번한 이직 가능성:** 직업이 자주 바뀌거나 잦은 이직이 예상될 경우, DC형 퇴직연금이 적합하다. 이 경우, 적립금을 쉽게 IRP 계좌로 전환할 수 있어 유동성이 높다.
- **투자에 대한 관심과 능력:** 재테크에 대한 관심이 많고 운용을 직접 하기를 원하면 DC형을 추천한다. 근로자가 직접 자산운용을 할 수 있는 자유도와 잠재적인 수익을 고려할 수 있다.

선택 기준은 단순히 DB형과 DC형의 차이를 이해하는 것뿐만 아니라, 개인의 금융적 목표, 근무 조건, 재정 상태 등을 고려해야 한다. 계획적이고 안정적인 경로를 선호하는 근로자는 DB형이 유리할 수 있고, 투자 수익을 최우선시하는 사람은 DC형이 적합할 수 있다. 자신에게 가장 유리한 선택을 하려면 제도를 이해하고 자신의 상황에 맞게 신중하게 결정해야 한다.

② **DB형에서 DC형으로 전환할 수 있나요?**

DB형에서 DC형으로 전환은 가능하다. DB형에서 DC형으로의 전환 시 신중히 고려할 사항이 있다.

- **임금피크제:** 임금피크제를 시행하는 회사의 경우, DB형에서 받는 퇴직금이 직전 3개월 간의 평균임금에 기반하기 때문에 임금피크제가 도입되기 전 DC형으로 전환하는 것이 유리하다. 평균임금이 하락하면 퇴직금도 줄어들기 때문이다.
- **중도인출 필요성:** DC형은 주거 목적의 주택 구입이나 재무적 어려움 등을 이유로 중도인출이 가능하다. DB형에서는 중도인출이 불가능하

므로, 중도인출 필요성이 있다면 DC형으로 전환을 고려해야 한다.
- **운용 성향:** 근로자가 투자에 대한 자신감이 있다면 DC형이 유리하게 작용할 수 있지만, 안정성을 중시한다면 DB형이 더 나은 선택이 될 것이다. DB형은 퇴직 시 수령 금액이 확정되어 있으므로, 예측 가능한 안정적인 노후준비가 가능하다.

DC형에서 DB형으로 전환할 수도 있나요?

DC형에서 DB형으로 전환은 불가능하다. 근로자가 DC형에서 발생하는 투자 성과에 따라 퇴직급여가 결정되기 때문에, 만약 DC형에서 DB형으로 전환할 경우 운용 성과의 리스크를 기업에게 전가할 수 있기 때문이다.

다만, 지금까지의 DC형은 그대로 DC형으로 운용하고 미래분은 DB형으로 가입하는 것은 가능하다. DB형으로 가입하고 있다가 중도인출이 필요한 경우 DC형으로 전환하여 중도인출을 하고 미래분은 DB형으로 가입하는 경우가 많다.

2) 퇴직연금 사업자(금융회사)의 선택

퇴직연금 제도의 핵심은 퇴직금을 회사가 아니라 별도의 금융회사에 적립한다는 것이다. 퇴직연금 사업을 하는 금융회사는 은행, 증권(금융투자), 보험(생명보험, 화재보험), 과학기술공제 등이 있다. 회사는 퇴직연금 사업자인 금융회사를 1개 이상 다수를 선정할 수 있다.

퇴직연금 사업자는 운용관리기관 역할과 자산관리기관 역할을 하고 있으며, 이 역할에 따른 수수료를 받는다. 일반적으로 DB형, DC형에서는 운용관리 수수료와 자산관리 수수료는 회사가 부담하고, IRP의 수수료는 개인이 부담한다.

- **운용관리기관:** 가입자에게 적합한 상품을 추천하고, 연금제도를 설계하며, 평균임금 산정, 연금계리, 기록 관리, 가입자 교육 등 다양한 업무를 수행하며, 이에 따른 수수료를 받는다.
- **자산관리기관:** 적립된 연금 자금을 보관하고 관리하며, 가입자에게 퇴직급여를 지급한다. 가입자의 운용지시를 운용관리기관에서 전달받아 다양한 자산군에 투자해 수익 극대화에 힘쓴다. 자산관리기관이 도산하더라도 퇴직연금 자산은 신탁법의 보호를 받아 가입자의 연금은 안전하게 보장된다. 적립금 보관, 운용지시 이행, 연금 지급 서비스 등에 대한 수수료가 발생한다. 이외 각종 펀드 상품과 관련된 추가적인 비용이 발생할 수 있다. (현재 수수료는 대개 서비스 수준이나 운용성과는 무관하게 적립금 규모에 비례해 증가하므로, 과다한 수수료가 소비자에게 불만을 초래하는 것도 사실이다.)

① 퇴직연금 사업자 선정 기준

퇴직연금 사업자 선택은 근로자의 노후생활에 중대한 영향을 미칠 수 있으므로 신중하게 선택해야 한다. 회사나 근로자가 퇴직연금 사업자를 선정할 때 다음 요소에 반드시 주의해야 한다.

- **운용 성과와 수익률:** 퇴직연금 사업사의 운용 성과는 가장 중요한 기준의 하나이다. 또한 다양한 상품을 제공하는지, 포트폴리오 제안 능력이 있는지, 근로자들에게 충분한 설명과 적절한 상품 제안을 하는지 등 적립금 운용을 잘 지원하는 금융회사가 좋다.
- **사업자의 재무적 안정성:** 퇴직연금 자산이 효율적으로 관리되고 보

호되기 위해서는 퇴직연금 사업자의 재정 상태와 그동안의 실적을 평가하여 안정성을 확인하는 것이 필수적이다.

- **서비스 품질 및 상담 지원:** 퇴직연금 사업자는 단순히 자산만 운용하는 것이 아니라, 고객의 요구에 부응하여 다양한 서비스와 상담을 제공해야 한다. 퇴직연금 상담 전용 콜센터 운영, 온라인 상담 서비스, 교육 프로그램 등은 가입자의 편의성을 크게 향상시킬 수 있다. 가입자 맞춤형 서비스를 제공하는 디지털 자산운용 역량 또한 중요한 선택 요소이다.

- **비용 및 수수료 구조:** 퇴직연금 사업자의 수수료 구조는 장기적으로 수익에 큰 영향을 미친다. 수수료가 낮다면 가입자에게 더 많은 수익을 줄 수 있지만, 수수료가 지나치게 낮다면 서비스의 질을 담보하기 힘들다. 가입자는 사업자가 제공하는 서비스와 그에 대한 비용(수수료)을 비교해 합리적으로 선택해야 한다.

- **맞춤형 상품 제공 및 접근성:** 퇴직연금 사업자가 다양한 상품 라인업을 제공하는지, 각 상품이 가입자의 투자성향과 요구에 맞게 설계되었는지도 확인해야 한다. (디폴트옵션, 즉 사전지정운용제도를 통해 가입자가 손쉽게 적합한 상품을 선택할 수도 있다.) 상품 설명이 쉽고, 접근성이 좋을수록 더 나은 선택을 할 수 있다.

② 은행, 증권사, 보험사 어디가 유리할까

퇴직연금 사업자는 은행, 증권(금융투자), 보험 등의 금융회사가 있는데, 각기 다른 성격의 상품과 서비스를 제공하고 있다. 퇴직연금 사업자를 선정하는 회사나 근로자는 금융권역별 장점을 모두 활용할 필요가 있다. 사업자마다 수수료와 수익률, 서비스 내용이 다르니 이를 비교하고 선택하는 것은 매우 중요하다.

은행

　은행은 퇴직연금 시장에서 약 52%의 점유율을 차지한다. 은행 다수는 고객의 안정성을 중시해 예금 등 원리금보장상품에 주력하고 있다. 그러나 수익률은 증권사나 보험사에 비해 상대적으로 낮은 편이다.

　최근 은행은 대규모의 영업망을 활용하여 개인맞춤형 서비스를 강화하고 있다. 퇴직연금 전담팀을 구성하고, 연금 상품으로 ETF 등을 포함해 다양한 금융상품에 대한 판매를 늘리고 있다. 하지만 은행의 수수료는 평균적으로 높게 책정되어 있어 가입자에게 추가 부담을 주곤 한다.

증권사

　증권사는 최근 몇 년간 퇴직연금 시장에서 빠르게 성장하고 있다. 특히 DC형 및 IRP 상품에 강점을 보인다. 증권사는 은행이나 보험사보다 다양한 투자상품을 선택할 수 있어, 높은 수익률을 기대하며 투자형 상품에 직접투자를 하려는 가입자들에게 호응이 높다. 증권사는 은행이나 보험사보다 수수료가 낮은 장점이 있다.

보험사

　보험사는 안정적인 성과를 추구하는 고객층을 대상으로 한다. 보험사는 장기적인 안정성을 추구하는 연금 상품 설계를 통해 평생 고객을 유지하려는 전략을 세우고 있다. 그래서 보험사의 퇴직연금 상품은 보장성과 안정성을 우선시해 원리금보장상품의 비중이 매우 높다. 하지만 상대적으로 수익률이 낮은 상황에서 다양한 상품을 갖추기에 제약이 있으며, 퇴직연금 관련 수수료는 은행이나 증권보다 높은 경우가 많다.

3) 퇴직연금의 담보대출과 중도인출

퇴직연금 제도에서는 일정한 사유와 요건(법정 사유)을 갖춘 경우 담보대출과 중도인출(DC형의 경우 중도인출, 퇴직금의 경우 중간정산이라 함)을 허용한다.

① 퇴직연금의 담보대출

퇴직연금 제도에서는 퇴직급여 적립금을 담보로 대출을 받을 수 있는 제도가 있다. 보통 퇴직연금 적립액의 50% 범위 이내로 제한되며, 담보대출에 따른 이자는 대출을 받는 근로자가 부담한다. 대출을 받은 금액은 퇴직급여의 수급 권리에 직접적인 영향을 미치므로, 대출 신청 시 신중해야 한다. 그런데 이 제도는 현재 활용하기 힘들다. 퇴직연금 적립금이 근로자의 임금채권으로 간주되어, 담보로 인정받기 위한 조건이 너무 엄격하기 때문이다.

② 퇴직연금의 중도인출

퇴직급여 중도인출은 갑자기 목돈이 필요한 근로자가 퇴직하기 전에 퇴직급여를 일부 또는 전부를 수령하는 것이다. 주택 구입, 요양, 보증금 부담 등 다음과 같이 법에서 정한 사유에 해당할 경우 중도인출이 가능하다.

① 무주택 근로자(가입자)가 본인 명의로 주택을 구입하는 경우
② 무주택 근로자(가입자)가 주거를 목적으로 전세금 또는 보증금을 부담하는 경우(한 사업장에서 일하는 동안에 1회로 한정)
③ 6개월 이상의 요양을 필요로 하는 근로자 본인, 배우자, 부양가족(배우자의 부양가족 포함)의 질병이나 부상에 대한 요양 비용을

근로자가 본인 연간 임금 총액의 12.5%를 초과해 부담하는 경우

④ 중도인출 신청일로부터 과거 5년 이내에 근로자(가입자)가 파산 선고를 받은 경우

⑤ 중도인출 신청일로부터 과거 5년 이내에 근로자(가입자)가 개인 회생 절차 개시 결정을 받은 경우

⑥ 고용노동부 장관이 고시하는 천재지변 등의 재난을 입은 경우

중도인출 신청은 단 1회에 한정된다. 중도인출 이후 퇴사할 경우 퇴직급여는 중도인출 시점 이후 근무한 기간을 기준으로 지급되어, 장기적인 노후 소득 보장에 영향을 끼칠 수 있다. 따라서, 중도인출을 고려할 땐 본인의 장기적인 퇴직소득 계획을 함께 고민해야 한다.

04
퇴직연금의 운용

한국 사회가 초고령화사회로 진입하면서, 퇴직연금의 역할과 그 운용의 중요성이 크게 강조되고 있다. 여기에는 기대수명의 증가 즉 한국 사회가 초고령화사회로 진입함에 따라, 충분한 자산을 준비하지 않으면 경제적 어려움을 겪을 수 있는 위험이 크다는 인식이 늘고 있다. 퇴직연금은 안정적인 노후를 준비하는 데 중요한 역할을 한다.

또, 노후준비에 대한 인식 변화도 달라지고 있다. 과거에는 국민연금 등 공적연금으로만 노후를 대비했지만, 현재는 공적연금만으로 충분치 않다는 인식이 확산되고 있다. 이에 따라 퇴직연금의 중요성이 강조되고 있으며, 퇴직금을 효율적으로 관리하는 방법으로 각광받고 있다. 최근 금융기업들은 퇴직연금 운용 세미나를 개최하며 퇴직연금에 대한 연구와 전략 공유에 몰두하고 있다.

퇴직연금 운용 시 고려해야 할 사항

퇴직급여 중 DC형, IRP 등은 근로자가 '직접' 운용하여 수익률에 따라 수령액이 달라지므로 투자 성과가 매우 중요하다. 직접 운용한다는 것은 적립금을 운용할 금융기관, 금융상품, 금융상품별 투자 비율, 금융상품의 매수 및 매도 결정, 새로운 금융상품으로 교체 등을 모두 근로자 스스로 해야만 한다는 뜻이다. 적립금 운용 결과, 즉 수익성이 좋고 나쁨이 모두 근로자의 몫이 된다. 수익성을 높이기 위해 무엇을 고려할지 살펴보자.

- **장기적인 투자 계획 수립:** 퇴직연금은 장기간에 걸쳐 운용되기 때문에, 단기적인 수익률에 연연하기보다는 장기적인 투자 계획을 세워야 한다. 금융전문가들은 특정 자산에 집중투자하기보다 다양한 자산을 포함한 포트폴리오를 구성하도록 권장한다. 시장 변동성에 영향을 덜 받으며 안정적인 수익률을 추구할 수 있기 때문이다.
- **퇴직연금 사업자:** 가입자가 필요로 하는 서비스와 관리 체계를 갖춘 금융기관을 선정하면, 추가적인 비용 부담이나 불편을 줄일 수 있다. 또한, 서비스의 신속성과 정확성, 그리고 다양한 금융상품에 대한 정보가 제공되는지를 고려해야 한다.
- **운용 상품 선택의 중요성:** 퇴직연금의 다양한 상품의 특성과 수익성, 위험도를 반드시 이해해야 한다. 특히 원리금보장상품과 실적배당형상품 간의 차이를 이해하고, 개인의 투자성향에 맞는 상품을 선택해야 한다.
- **위험수용 능력에 따른 투자 비율 조정:** 개인의 연령, 재정 상황, 위험 수용 능력에 따라 자산배분 비율을 조정해야 한다. 일반적으로 젊은 가입자는 위험자산에 높은 비중을 두고 투자하지만, 은퇴가 가까운 가입자는 원금보장이 가능한 자산에 비중을 늘리는 것이 바람직하

다. 이런 접근은 퇴직 후 수령 금액을 극대화하는 데 도움이 된다.
- **시장 변동성을 감안한 운용전략:** 금융 시장은 항상 변화하는 환경 속에서 움직이기 때문에, 시장의 호황과 불황 주기를 이해하고 이에 맞춰 운용전략을 조정해야 한다. 저금리 상황이 지속될 때는 주식이나 높은 수익률을 보이는 수익증권의 비중을 늘리는 것이 유리할 수 있다. 시장상황을 반영한 적절한 의사결정이 필요하다.
- **전문가의 조언 활용:** 퇴직연금 운용 경험이 부족하다면, 금융전문가의 조언을 활용하는 것이 좋다. 전문가들은 개인의 상황을 감안해 적절한 투자전략이나 포트폴리오 구성에 대한 도움을 줄 수 있으며, 이는 장기적으로 안정적인 수익을 창출하는 데 큰 도움이 된다.

퇴직연금 운용은 단순히 투자상품을 선택하는 것이 아니라, 안정적인 노후생활을 준비하기 위해서이다. 그러므로 가입자의 재정적 목표와 상황을 반영하여 전략적으로 접근해야 한다.

05
퇴직연금에서 일반적으로 선택하는 상품

퇴직연금 DC형, IRP는 정기예금 등 원금과 이자가 보장되는 안정적 상품부터 높은 수익을 추구할 수 있는 투자형 상품까지 다양한 상품을 담을 수 있는 계좌이다.

〈표 24〉 퇴직연금에서 가입 가능한 상품들

안정적 상품 원금과 이자 보장	투자형 상품 보다 높은 수익 추구

• 시중은행/저축은행 예금
• 한국증권금융예금
• 우체국예금
• 원리금보장ELB
• 국고채(만기까지 보유 시)
	• 채권형 펀드/ETF • 주식형 펀드/ETF
	• 채권혼합형 펀드/ETF • 주식혼합형 펀드/ETF
	• TDF 펀드 • 일부 부동산펀드
	   • ELS 등 파생결합상품
	   • 채권(회사채, 금융채 등)
	   • 리츠

← 총적립금의 100% 투자 가능 →	← 총적립금의 70% 투자 가능 →

퇴직연금은 노후 자금으로 안정적으로 운용해야 하므로, 투자형 상품 중 주식편입 비중이 높은 것은 총적립금의 70%까지 투자할 수 있다. 대표적으로 주식형 펀드, 주식혼합형 펀드, 일부 부동산 펀드, 그와 관련한 ETF 그리고 회사채 등이다.

총적립금의 100%까지 투자할 수 있는 상품은 원금과 이자가 보장되는 예금, 원리금보장 ELB, 국채, 채권형과 채권혼합형(주식편입비율 50% 이하, 투자부적격 채권 비중 30% 이내) 펀드 또는 ETF가 있다.

<표 25> 퇴직연금 DC형, IRP 계좌에서 100% 투자 가능한 상품

원리금 보장상품	시중은행과 저축은행의 정기예금, 한국증권금융 예금, 우체국예금, 보험사 GIC(이율보증형 보험), RP(환매조건부 채권), 증권사가 발행한 원리금보장 ELB/ DLB
원리금 비보장상품	국채(국고채, 물가연동국채, 국민주택채권 1, 2종, 외평채), 통안채
	채권형 펀드, 채권형 ETF
	채권혼합형 펀드, 채권혼합형 ETF(주식편입비율 50% 이하, 투자부적격 채권 비중 30% 이내)
	MMF
	만기매칭형 채권형 펀드, 만기매칭형 채권형 ETF
	적격 TDF(주식투자 비율 80% 이하, 은퇴 예상 시점 이후로 40% 이내를 유지하는 TDF 펀드)
	디폴트옵션(사전운용지정) 상품 전체
	디딤 펀드 전체

1) 원금과 이자가 보장되는 원리금보장상품

퇴직연금에도 원금과 이자가 보장되는 상품이 있다. 시중은행과 저축은행 예금은 원금과 이자가 보장된다. 기관별로 원금과 소정의 이자를 합산해 1억 원까지 예금자보호대상이 되고 이 한도 내에서 가입할 수 있다. 우체국예금은 원금과 이자 전액을 한도 없이 국가가 지급 보증한다.

증권회사가 제공하는 원리금보장상품은 예금자 보호제도가 적용되지 않지만, 1억 원 이상 가입할 수 있다. 한국증권금융 예금은 1억 원까지 원리금을, 원리금보장 ELB(1만 원 단위로 가입)는 발행 기관이 1억 원까지 원금 지급을 보장한다.

〈표 26〉 저축은행 예금과 ELB

	저축은행 예금	원리금보장 ELB
구조	예금(1/ 2/ 3년)	우량 증권사에서 원리금 지급을 보장
안정성	예금자보호	발행 증권사 신용등급 AA+ ~ AA 수준
가입 한도	저축은행별 원리금 합산 1억 원	제약 없이 가능(청약 단위 1만 원)
가입 편의성	전화/ 내점/ 온라인 가입	내점/ 모바일 가입

2) TDF 펀드

TDF 펀드(Target Date Fund)는 투자자의 은퇴 시점에 맞추어, 자산배분을 '자동'으로 조정하는 펀드이다. 투자자가 젊을수록 주식 등 위험자산의 비중을 높이고, 시간이 지남에 따라 채권 등 안전자산으로 비중을 높이도록 설계되어 있다. 이러한 자산배분 전략이 비행기가 고도를 낮추며 착륙하는 모습과 닮았다 하여, 글라이드 패스 전략이라 한다. 선진국의 퇴직연금에서 많이 활용되고 있는 펀드이다.

<표 27> TDF 펀드의 구조

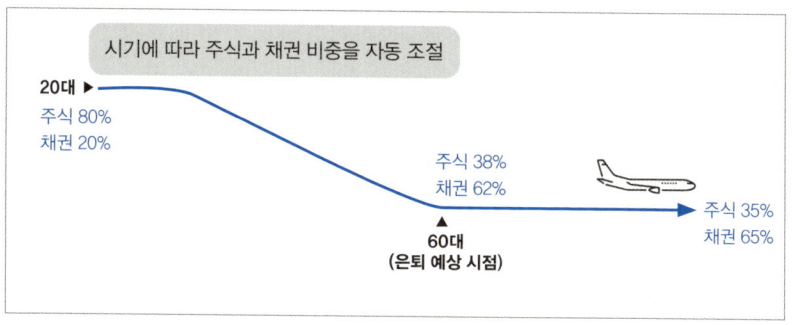

① TDF 펀드 선택 시 고려할 사항

- **은퇴 시점의 설정:** TDF 펀드는 투자자의 목표 은퇴 시점(Target day, 빈티지)에 맞게 설계되었다. 따라서 자신의 은퇴 계획에 맞는 TDF를 선택하는 것이 중요하다. 보통 출생 연도에 60을 더한 값에서 가장 가까운 TDF를 선택한다. TDF 뒤에 붙은 숫자는 예상 은퇴시점을 뜻한다. 1990년에 태어났다면 60세가 되는 2050년에 은퇴할 것으로 예상할 때 'TDF 2050' 상품을 고려하면 된다.
- **자산배분 전략 이해:** TDF 펀드의 핵심은 시간에 따라 자산배분이 자동으로 조정되는 것이다. 초기에는 주식 등 위험자산 비중이 높고, 시간이 지남에 따라 채권 등 안전자산 비중이 높아진다. 자신이 어느 정도 리스크를 감수할지 고려해, 주식 비중이 높은 TDF(더 높은 리스크, 더 높은 수익 추구)와 채권 비중이 높은 TDF(안전성 선호) 중에서 선택해야 한다.
- **수수료 및 비용 구조:** TDF 펀드는 장기 투자에 적합하다. 그러나 수수료가 높은 TDF 펀드는 장기적으로 투자자에게 부담이 되므로, 저비용 구조를 가진 TDF 펀드를 선택하는 것이 바람직하다.
- **운용성과 및 리스크관리:** TDF 펀드를 비교할 때는 최소 3년 이상의

성과, 특히 시장이 급등락을 겪었을 때의 성과를 살펴보아야 한다. 안전자산과 위험자산 간의 균형 및 리밸런싱 과정에서 운용사가 어떻게 대응하는지 관찰할 필요가 있다.

- **투자 기간의 이해:** TDF 펀드는 단기적으로 큰 변동성이 있을 수 있다. 하지만 장기적으로 안정적인 수익을 목표로 하므로, 단기적 성과에 집착하기보다 장기적인 투자 관점을 갖고 접근하는 것이 중요하다.

② TDF 펀드의 종류

- **전략배분 TDF:** 흔히 말하는 TDF 펀드이다. 자산배분 전략을 강조하며, 위험과 수익을 조화롭게 고려한다. 초기에는 주식 비율이 높고, 시간이 지날수록 채권과 같은 안전자산으로 이동한다. 각 TDF가 특정 목표 은퇴 시점(예: 2040년, 2050년 등)에 맞춰 설계되며, 5년 단위로 빈티지(퇴직하는 예정 연도)를 제공해, 투자자의 예상 은퇴 시점에 맞는 펀드를 선택하도록 한다.

- **혼합자산 TDF:** 다양한 자산군-주식과 채권은 물론 ETF, 리츠 등-에 분산투자(개별 종목이 겪는 고유의 위험을 줄일 수 있도록 여러 자산에 투자하는 전략)한다. 이러한 혼합자산 접근 방식으로 주식의 상승잠재력을 활용하면서도 안전성을 높일 수 있다.

- **TIF(Target Income Fund, 타겟인컴펀드):** 은퇴 후 자금을 안정적으로 관리하면서, 정기적이고 안정적인 소득을 추구하는 펀드이다. 위험자산과 안전자산 비율을 고정하여 변동성이 덜하고, 정기적으로 지급되는 이자와 배당 같은 수입을 창출한다. 예금이자보다 약간 높은 정도의 안정적인 소득을 추구하는 투자자, 인출기의 투자자에게 적합하다.

③ TDF 펀드를 현명하게 이용하기

퇴직연금을 운용할 때 모든 자산을 예금에만 투자하면 원금은 안전하게 보존된다. 그러나 적립금의 경제적 가치도 보존할 수 있을까? 인플레이션을 이길 방안을 찾아야만 한다.

퇴직연금에서 주식 비중을 극대화하는 방법으로 활용하자

퇴직연금(DC형, IRP) 계좌는 안전자산 비중이 30% 이상이어야 한다. 주식 비중이 80% 이내, 은퇴 예상 시점 이후로 주식 비중을 40% 이내로 유지하는 TDF 펀드는 안전자산으로 인정된다. 따라서 TDF 펀드를 30% 편입하면 주식 비중을 극대화할 수 있다.

은행 예금이자 + α를 만들어 보자

퇴직연금을 운용할 시간적 여유가 없다면 예금이나 금융기관에서 추천하는 채권혼합형에 100% 투자하는 경우가 많다. 이는 안전하지만 만족할 만한 수익을 내기 어렵다. 예금보다 이자는 높지만 안전하게 투자하는 방법으로 TDF 펀드를 활용해 보자. 채권 편입 비중이 높은 TDF2025와 주식편입 비중이 높은 TDF2045나 TDF2050을 각각 50%씩 배분해 3년 이상 투자한다면, 은행 예금이자보다 높은 수익이 가능하다.

3) 디딤 펀드

디딤 펀드는 2024년 9월에 출시된 퇴직연금 특화 자산배분형 펀드이다. 주식 편입 비율을 50% 미만으로 제한하고 수익률 5% 안팎의 시장 중립적 성과를 추구해 장기적인 노후 자산 증식을 목표로 한다.

주식, 채권, 대체자산 등 다양한 자산에 분산투자해 변동성이 낮고 안정적인 수익을 추구하며, 예·적금보다 높은 수익률을 목표로 한다. 위험 자산 비중이 일정하게 유지되어 투자자는 안정적인 포트폴리오를 구성할 수 있다. 시장상황에 따라 자산 배분 비중이 조정되므로 위험이 관리되고, 다양한 자산에 투자가 가능하다. 특히, 기존의 원리금보장 중심의 퇴직연금 상품과 달리 좀 더 높은 리스크를 감수하지만 장기적으로 안정적 수익을 추구할 수 있다.

25개 자산운용사가 공동으로 출시하였는데, 각 자산운용사가 단 하나의 디딤 펀드만 출시하도록 하여 상품군의 다양성을 줄이고, 책임 있는 운용이 이루어지도록 하고 있다.

〈표 28〉 TDF 펀드와 디딤 펀드

구분	TDF 펀드	디딤 펀드
자산배분	시간 경과에 따라 자동 조정	일정한 비율 유지, 시장 상황에 맞춰 조정
장점	관리가 편리, 은퇴 시점에 맞춘 안정적 투자	꾸준한 위험 관리, 다양한 투자 스타일 선택 가능
단점	투자 성향 반영 어려움, 수익률 변동성 있음	수익률이 낮을 수 있음, 펀드별 꼼꼼한 확인 필요

4) ETF와 월 배당 ETF

① ETF

ETF(Exchange Traded Fund, 상장지수펀드)는 특정 지수나 자산의 가격을 추적하는 인덱스 펀드를 거래소에 상장시켜 주식처럼 실시간으로 매매할 수 있는 금융상품이다. 일반 펀드는 하루의 거래가 끝난 후 가격을 확인할 수 있지만, ETF는 주식처럼 거래되므로 실시간 가격을 확인하면서 적시에 사고팔 수 있다. 특징은 분산투자, 낮은 비용, 그리고 높은 유동성이다.

- **분산투자:** ETF는 코스피200, S&P500 등 특정 지수를 추종한다. 해당 지수에 포함된 여러 종목을 미리 정해진 비율로 모아 놓고, 이들의 가격 변동에 따라 ETF의 가격이 달라진다. 여러 기업에 투자하므로 특정 기업의 주가가 하락해도 방어할 수 있어 개별 주식에 투자하는 것보다 위험이 낮다. 예를 들어 기술 섹터 ETF에 투자하면, 애플·구글·마이크로소프트 등 여러 기술주에 분산투자하는 효과가 생긴다.
- **낮은 비용:** ETF는 관리 수수료와 내부 거래 비용이 낮아, 장기적으로 투자자에게 유리하고, 적은 비용으로 다양한 자산에 접근할 수 있다.
- **높은 유동성:** 많은 ETF는 거래량이 많고 시장성이 높아 필요한 시점에 빠르게 매도할 수 있어 시장이 불안정할 때 투자자가 유리하게 대처할 수 있다. 그러나 거래량이 저조한 ETF도 분명히 있다. 매도 시 예상보다 나쁜 가격에 거래될 수 있으므로 유동성이 좋은 ETF를 선택해야 한다.
- **접근 용이성:** 비트코인 ETF나 금 ETF처럼 직접적으로 해당 자산을 구매하지 않고도 특정 자산에 손쉽게 투자할 수 있다.

〈표 29〉 ETF

퇴직연금과 연금계좌에서 국내 상장된 국내/해외 ETF를 살 수 있으나 일반 계좌와 달리 레버리지나 인버스 ETF는 살 수 없다. 퇴직연금과 연금계좌에서 ETF 매매차익은 인출 시점까지 과세이연되어 연금 수령 시 연금소득세(5.5~3.3%), 연금 외 인출 시 기타소득세(16.5%)가 부과된다.

ETF는 장기적인 투자 포트폴리오 구성에 매우 유용한 도구이다. 저렴한 비용으로 다양한 자산에 투자할 수 있으며, 특히 세분화된 투자전략을 세우기에 유리하다. 그러나 ETF도 분명 원금손실의 위험이 있음을 이해하고 자신의 투자성향, 리스크 감당 능력을 고려해 투자해야 한다.

② 월 배당 ETF

월 배당 ETF는 매달 배당금을 지급하는 ETF이다. 주식(특히 배당주)이나 채권 등 다양한 자산에 투자하여 발생한 수익을 매달 투자자에게 나눠 주는데, 정기적인 현금흐름을 생활비로 활용할 수 있어, 고정적인 수입원이 필요한 투자자나 은퇴자에게 유용하다.

여러 기업의 배당주가 포함된 ETF에 투자하면, 특정 기업의 주가 하락에 대한 리스크를 크게 완화할 수 있다. 일반적으로 월 배당 ETF는 수수료가 상대적으로 낮아 직접 주식에 투자하는 것보다 비용 부담이 덜하다는 점도 큰 장점이다.

그러나 월 배당 ETF에서 주의할 점도 분명히 있다.

- **원금손실의 위험:** 월 배당 ETF도 일반 주식과 마찬가지로 시장 변동성에 노출되어 있다. ETF의 가격이 하락하면 원금손실을 볼 수 있다. 특히 배당금이 지급된 후 ETF의 기준가가 하락하는 경우가 많아, 배당금을 수령한다고 해서 항상 수익이 보장되는 것은 아니다.
- **세금 부담:** 매월 발생하는 배당금에 대해 수령 시 15.4%의 배당소득

세가 부과된다. 이로 인해 정기적으로 받은 배당금을 재투자하기에 불리해 누적효과가 떨어질 수 있다. 수령 금액이 연간 2,000만 원을 초과하면 금융소득종합과세 대상이 되어 누진세율(6.6~49.5%)이 적용될 수 있다. 따라서 국내 주식형 ETF를 제외한 월 배당 ETF는 세제 혜택이 있는 퇴직연금이나 연금계좌, ISA 계좌를 활용하는 것이 좋다. 퇴직연금이나 연금계좌에서 받는 월 배당은 과세이연되며, 연금 수령 시 낮은 세율(5.5~3.3%)이 적용된다.

- **시장상황에 따른 배당금의 변화:** ETF의 운용 성과에 따라 배당금이 달라질 수 있다. 시장상황이 부정적이거나 투자 대상 기업의 실적이 저조해지면 배당금이 줄어들거나, 아예 지급되지 않을 가능성도 있다. 즉 실질적인 수익률이 낮아질 위험이 있다.
- **자본 차익의 기회비용:** 매달 배당금을 받을 수 있지만, 월 배당 ETF는 보통 자본 차익을 극대화하기에는 불리한 구조일 수 있다. 단기적인 매매차익을 추구하는 투자자에게는 적합하지 않음을 유의해야 한다.

③ 월 배당 ETF의 종류

월 배당 ETF는 투자전략에 따라 크게 주식형, 채권형, 리츠형, 커버드 콜형으로 분류된다.

- **주식형 월 배당 ETF:** 주식에 직접 투자하는 형태로, 대부분 특정 주가지수 또는 고배당주에 투자하여 매달 배당금을 지급한다. 대표적인 경우가 SPHD(Invesco S&P 500 High Div Low Volatility ETF)이다. SPHD는 S&P500 지수 내에서 변동성이 낮고 고배당을 지급하는 종목들로 포트폴리오를 구성하여 안정적인 수익을 추구한다.

안정적인 배당 수익을 제공하면서도 주가 상승에 따른 시세차익도 누릴 수 있다. 그러나 주식 시장의 변동성에 따라 투자 원금손실의 위험도 분명히 있다.

SPHD와 가장 유사한 국내상장 해외 ETF는 KODEX 미국배당다우존스, TIGER 미국배당다우존스 등이 있는데, 퇴직연금이나 연금계좌에서 매수할 수 있다.

- **채권형 월 배당 ETF:** 주식보다 상대적으로 안정적인 채권에 투자하여 배당금을 지급하는 구조이다. 채권형 ETF의 예로는 TIGER 미국달러단기채권액티브, PLUS 미국단기회사채(AAA~A), SOL 미국채30년커버드콜 등을 들 수 있다. 채권형 ETF는 일반적으로 배당 수익률이 낮지만, 안정적인 수익을 원할 경우 좋은 선택이 될 수 있다.

- **리츠형 월 배당 ETF:** 부동산투자신탁에 투자하여 배당금을 지급하는 형태이다. 리츠는 실물을 기반으로 하는 부동산에서 발생하는 임대료 수익을 투자자에게 배당금으로 지급하므로, 상대적으로 현금흐름이 안정적이다. 그러나 경기침체 우려에 따라 부동산 시장이 위축되면 배당 수익률이 크게 변동할 수 있는 점이 단점이다.

- **커버드콜형 월 배당 ETF:** 월 배당 ETF 중 가장 인기 있는 전략이면서 동시에 낯설고 복잡한 전략이다. 커버드콜 전략은 주가지수에 투자하면서 해당 콜옵션을 매도하여 옵션 프리미엄이 발생하는 구조이다. 옵션을 매도했기 때문에 주가지수가 상승했을 경우 옵션 매도에서 발생하는 손실과 주가지수의 상승이 상쇄되어 주가 상방에 대한 제한이 생긴다. 즉 주가가 상승했을 경우 상승에 대한 혜택이 없고, 주가가 하락하는 경우 기존 지수보다는 덜 떨어지는 구조이나, 하락을 완전히 방어하는 것은 아니다. 따라서 커버드콜 전략은 횡보장에서 가장 빛을 발하는 상품으로 알려져 있다. 미래의 불확실한 상

승 가능성 대신 현재의 확정적인 인컴(프리미엄)을 받는 구조로 이해할 수 있다.

커버드콜 ETF의 구조와 다양해지는 전략

커버드콜 ETF은 주식이나 채권과 같은 기초자산을 보유한 상태에서 콜옵션을 매도하여 추가적인 수익을 창출하는 방법을 말한다. 예를 들어서 A가 현재 10,000원 하는 주식을 가지고 있는데, A는 미래에 해당 주가가 어떻게 될지 몰라, 3개월 뒤 주식을 10,000원에 살 수 있는 쿠폰(콜옵션)을 1,000원에 B에게 팔았다(콜옵션 매도).

3개월 후, 해당 주식이 10,000원에서 12,000원이 되었다면? B는 10,000원을 행사할 수 있는 쿠폰을 사용하게 된다. B는 12,000원의 주식을 10,000원에 살 수 있어서 2,000원의 수익과 쿠폰을 구입한 비용 1,000원을 지출하여 11,000원의 가치를 보유하게 된다. A는 10,000원에 주식을 판 돈과 쿠폰을 팔아서 얻은 돈을 더해서 11,000원의 가치를 보유하게 된다. 쿠폰을 발행하지 않았다면 22,000원의 가치를 보유할 수 있었는데, 아쉽지만 1,000원의 이익만 발생한다.

3개월 뒤 주식이 10,000원으로 변동이 없다면? B는 쿠폰을 행사하지 않는다. 그래서 A에게는 주식 10,000원과 쿠폰을 매도해서 얻은 1,000원을 합하여 11,000원을 보유하게 되어 이번에도 1,000원의 이득이 발생한다.

3개월 뒤 주식이 10,000원에서 7,000원으로 하락하면? 이번에도 B는 쿠폰을 행사하지 않는다. A는 주식 7,000원과 쿠폰으로 얻은 1,000원을 합하여 8,000원의 가치를 보유하게 된다. 주가가 하락하면 손실이 발생한다. 그러나 쿠폰을 발행해서 얻은 1,000원으로 인해 손실은 3,000원이 아니라 2,000원으로 줄어들게 된다.

커버드콜 전략은 기초자산 가격이 오르는 것을 따라가지 못하는 측면이 있는데 기초자산가격의 상승을 포기하는 대신에 받는 것이 꾸준한 분배금이다.

최근 월 배당형 ETF에 대한 시장의 관심이 커지면서 커버드콜 ETF의 전략이 다양화, 고도화되고 있다.

① **타겟 커버드콜:** 목표 분배율(타겟 프리미엄)을 달성하기 위한 커버드콜 ETF이다. 시장의 변동성이 확대되면 옵션의 매도 비율을 높여 투자자들에게 예측 가능한 수익을 제공한다.
SOL 미국30년국채커버드콜(합성), TIGER 미국나스닥100커버드콜(합성), KODEX 미국S&P500배당귀족커버드콜(합성H) 등이 대표적이다.

② **데일리(위클리)커버드콜:** 매일(매주) 일정 비율로 콜옵션을 매도하는 전략을 쓴다. 상대적으로 프리미엄은 적지만 콜옵션 매도 비중을 제외한 만큼 주가 상승을 반영할 수 있다.
TIGER 미국S&P500타겟데일리커버드콜, KODEX 200타겟위클리커버드콜, KODEX 미국나스닥100데일리커버드콜OTM 등을 예로 들 수 있다.

③ **커버드콜 밸런스:** 주식과 채권을 혼합하여 성장성과 안정성의 균형을 추구하는 커버드콜 전략으로 주식 상승의 일부 수익+옵션 프리미엄+채권 이자 수익 등 3가지 자산의 균형 있는 성과를 추구한다.

KODEX 테슬라커버드콜채권혼합액티브, TIGER 엔비디아미국채 커버드콜밸런스(합성) 등이 대표적이다.

5) 리츠

부동산투자신탁 리츠(REITs)는 투자자들의 자산을 모아 부동산 및 부동산 관련 증권에 투자하고, 그로 인해 발생한 수익을 투자자에게 배당하는 구조를 가지는 간접투자 기구이다. 리츠는 펀드와 유사하게 운영되지만, 거래소에 상장되어 주식처럼 쉽게 거래할 수 있다는 점이 특징이다. 이는 투자자들에게 유동성을 제공하고, 다양한 부동산에 소액부터 간접적으로 투자할 수 있는 기회를 제공한다.

〈표 30〉 리츠

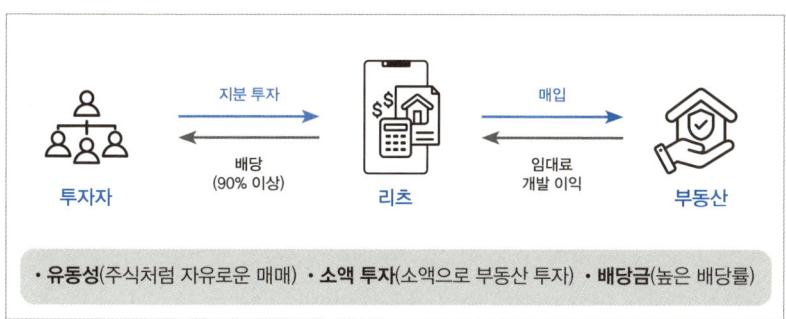

리츠의 주요 특징은 다음과 같다.

- **분산투자:** 리츠는 여러 개의 부동산 자산에 투자하여 특정 자산의 리스크를 분산한다. 주거용, 상업용, 물류창고 등 다양한 유형의 부동산에 투자함으로써 포트폴리오 리스크를 줄일 수 있다.
- **고수익 배당:** 리츠는 법적으로 수익의 상당 부분(일반적으로 90% 이상)을 배당금으로 지급해야 한다. 이는 투자자들에게 상대적으로 높은 배당 수익률을 제공하며, 평균적으로 약 5~10%의 배당률을 보인다. 상장된 리츠의 경우, 평균 7.8%의 배당 수익률을 보이는 경우도 있다. 그러나 리츠는 투자상품이므로 시장상황에 따라 수익률이 차이가 난다. 배당이 아예 없거나, 호황기보다 배당이 적을 수 있다.
- **세제 혜택:** 리츠는 법인세를 면제받는 특혜가 있다. 이러한 세제 구조로 투자자들은 유리한 조건에서 수익을 얻을 수 있다.
- **유동성과 접근성:** 리츠는 증권 거래소에서 주식처럼 거래되므로, 투자자들은 비교적 쉽게 매매할 수 있다. 이는 부동산 직접 투자 시에는 찾기 힘든 유동성을 제공한다.

최근 금리 인하 등으로 인해 리츠에 대한 투자 선호도가 높아지고 있다. 금리가 낮아지면 부동산 매입 자금 조달 비용이 줄어들어 배당 수익을 극대화할 수 있기 때문이다. 한국의 리츠 시장 규모는 2024년 기준으로 100조 원을 돌파해, 전체 부동산 시장에서 상당한 경쟁력을 나타내고 있다. 이러한 변화는 부동산 투자 접근성을 높이고, 소액 투자자들에게도 우량 자산에 대한 투자 기회를 제공하고 있다.

리츠는 분명 매력적인 투자상품이지만, 투자 전 각 리츠의 특성과 시장 환경을 충분히 분석하는 것이 중요하다.

6) 채권투자

채권은 자금을 조달하기 위해 정부, 기업, 그리고 공공기관 등이 발행하는 것이다. 이것은 돈을 빌린다는 부채 증서로, 증권화된 금융상품이다. 채권투자자에게 정해진 기간에 이자를 지급하고 만기 시 원금 상환을 약속한다.

채권에 투자하는 방법으로는 채권을 매수하는 직접투자, 채권형 펀드나 채권형 ETF를 매수하는 간접투자가 있다. 여기서는 채권에 직접 투자하는 경우를 살펴보자. 은행이나 증권사의 퇴직연금(DC, IRP) 계좌에서 채권 펀드나 ETF로 간접투자할 수 있지만, 국채·지방채·회사채 등에 직접투자하는 것은 증권사의 계좌에서만 가능하다(앱이나 직접 방문).

① 채권투자로 얻는 수익은 이자소득과 자본손익이다

〈표 31〉 채권투자의 수익

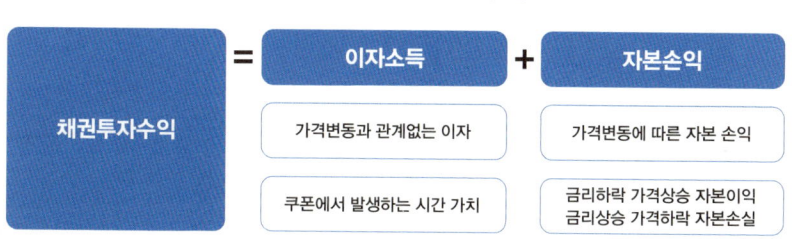

채권에 투자하면 이자소득과 자본손익, 2가지의 수익이 발생한다.
- **이자소득:** 채권의 발행 시 정해진 고정 이자율인 표면금리(쿠폰)에 따라 투자자가 채권을 보유하는 동안 정기적으로 지급받는 금액이다. 액면가 1,000만 원의 채권이 표면금리 5%라면, 투자자는 매년 50만 원의 이자를 받을 수 있다. 이자 지급 주기는 채권에 따라 다르

다. 국채는 보통 6개월, 회사채는 3개월 또는 6개월 주기로 이자를 지급한다. 이자수익은 채권의 가격이 달라져도 동일하며, 15.4%로 과세되며 퇴직연금 계좌에서는 연금 수령 시까지 과세이연된다.
- **자본손익**: 주식의 매매차익처럼 채권을 매매하여 발생하는 수익으로, 시세차익이라고도 한다. 채권 가격이 떨어진 시점에 매수하여 가격이 오를 때 매도하여 이익을 실현한다. 채권의 시세차익은 과세되지 않는다.

표면금리와 시장금리

표면금리: 채권 발행자가 채권 보유자에게 매년 지급하기로 약속하는 금리. 채권이 발행될 때 정해지며, 채권이 만기가 될 때까지 고정된다.

시장금리: 경제 상황, 인플레이션, 중앙은행 정책 등 다양한 요인에 따라 수시로 변동하는 금리. 채권의 수익률은 시장금리에 따라 변한다. 시장금리가 오르면 기존 채권의 수익률도 상승하지만 채권 가격은 하락한다. 반면 시장금리가 내리면 채권 가격은 오르고 수익률은 내려간다. 즉 채권 수익률은 금리와 비례하고, 가격과는 반비례한다.

② 채권은 금리가 오르면 가격이 떨어진다

일반적으로 시장금리가 상승하면 기존에 발행된 채권의 가격은 하락한다. 새로운 채권이 더 높은 금리를 제공하면, 기존의 저금리 채권은 매력도가 떨어지기 때문이다. 기존 채권이 연 3%의 표면금리인데, 시중금리가 4%로 상승하면 투자자들은 새로운 채권을 선호하게 되고, 기존 채권의 가격이 하락하게 된다.

⟨표 32⟩ 채권 가격과 시장금리

채권 가격은 시장금리와 반비례한다

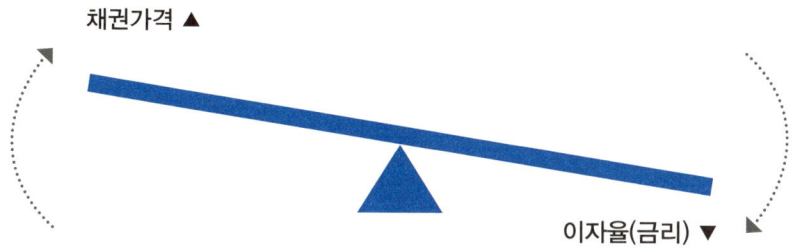

반대로, 시장금리가 하락하면 기존 채권의 가격은 상승한다. 금리가 2%로 떨어지면, 연 3%의 이자를 제공하는 채권은 투자자들이 많이 찾게 되어 가격이 오른다. 즉, 시장금리와 채권 가격은 반비례하며 이는 채권에 대한 기대 수익률을 고려할 때 중요한 요소이다.

채권투자전략

최근 고금리 환경 속에서 채권투자에 대한 관심이 높다. 안정적인 수익을 추구하는 투자자들이 채권을 고려하기 때문이다. 고금리 시기에는 채권을 매입하면 고정된 이자 수익을 확보할 수 있고, 금리가 하락하면 시세차익을 얻을 수 있다. 따라서 금리가 정점에서 하락하는 상황에서는 장기채를 중심으로 투자하는 것이 좋다. 만기가 길수록 그에 따른 매매차익이 높아진다. 반면 금리가 상승하는 국면에서는 만기가 길수록 매매로 인한 손해가 커진다. 따라서 금리 하락 시기에는 만기가 긴 채권을 매수하고, 금리 상승기에는 만기가 짧은 채권을 활용하는 것이 효과적이다.

〈표 33〉 금리 변동에 따른 채권 가격 변동 폭

구분		이자율 변동폭(%)						
		-3.00%	-2.0%	-1.0%	0.0%	1.0%	2.0%	3.00%
듀레이션(년)	0.5	1.5%	1.0%	0.5%	0.0%	-0.5%	-1.0%	-1.5%
	1	3.0%	2.0%	1.0%	0.0%	-1.0%	-2.0%	-3.0%
	3	9.0%	6.0%	3.0%	0.0%	-3.0%	-6.0%	-9.0%
	5	15.0%	10.0%	5.0%	0.0%	-5.0%	-10.0%	-15.0%
	7	21.0%	14.0%	7.0%	0.0%	-7.0%	-14.0%	-21.0%
	10	30.0%	20.0%	10.0%	0.0%	-10.0%	-20.0%	-30.0%

※ 이 표는 컨벡시티(convexity)를 감안하지 않은 대략적인 채권가격 예상변화표임.

③ 채권의 종류

채권은 누가 발행하는지, 이자는 어떤 방식으로 지급하는지에 따라 구분되며, 각각의 채권은 특징과 위험 요소가 다르다.

발행 주체에 따른 분류

- **국채(Government Bonds)**: 중앙 정부가 발행하는 채권으로, 일반적으로 가장 안전한 투자 수단으로 평가받는다. 예를 들어, 미국의 국채(US Treasury Bonds)는 대부분의 투자자에게 신뢰받는 안전자산으로, 수익률은 상대적으로 낮지만 원금손실 위험이 거의 없다.
- **지방채(Municipal Bonds)**: 지방 정부나 공공기관이 발행하는 채권으로, 일반적으로 국채보다는 위험이 조금 높아도 회사채 등에 비해 안정성이 높다. 지방채는 종종 세금 혜택을 제공하기도 한다.
- **물가연동채권(Inflation-Linked Bonds)**: 물가상승률에 따라 원금과 이자 지급액이 조정되는 정부 발행 채권이다. 인플레이션이 높을 경우 실질 수익률을 보장받을 수 있어 물가상승에 대비할 수 있는 효과적인 투자 수단이다.

- **회사채(Corporate Bonds):** 기업이 자금을 조달하기 위해 발행하는 채권으로, 신용등급에 따라 위험과 수익률이 달라진다. 신용등급이 높은 안정적인 기업의 회사채는 비교적 낮은 위험을 지니며 이자율도 낮다. 고수익을 추구하는 고위험 회사채는 높은 이자율을 제공하지만 부도 위험도 크다.
- **영구채(Perpetual Bonds):** 만기가 없는 채권으로, 발행자는 이자를 평생 지급할 수 있는 대신 원금을 상환하지 않을 수 있다. 보통 높은 이자율을 제공하지만, 원금 상환이 없기 때문에 장기 투자를 고려하는 투자자에게 적합하다.

이자 지급 방법에 따른 분류
- **이표채(Coupon Bonds):** 이자 표기 채권이라는 뜻으로, 정기적으로 이자를 지급하는 채권이다. 이자는 보통 3개월마다 지급되며, 만기 시점에 원금을 상환받는다. 현재 한국의 회사채 대부분은 이표채 형태로 발행되며, 발행 시점에 정해진 고정금리 또는 변동금리를 기반으로 이자가 지급된다.
- **할인채(Discount Bonds):** 채권의 액면가에서 이자를 미리 차감한 금액으로 발행되는 채권이다. 투자자는 만기 시점에 액면가를 돌려받는데, 이자 수익은 투자자가 할인된 가격에 구매한 것으로부터 발생한다. 주로 통화안정증권이나 재정증권의 방식이다.
- **복리채(Compound Bonds):** 중간 이자 없이 만기에 원금과 이자를 복리로 쳐서 한꺼번에 지급한다. 이자에 이자가 붙는 복리 구조로, 장기적으로 더 큰 수익을 기대할 수 있다. 국민주택채권 등의 방식이다.

④ **퇴직연금 계좌의 채권투자 장점**

- **안정적인 수익:** 채권은 일반적으로 주식에 비해 변동성이 낮고, 예측 가능한 수익을 제공한다. 특히 한국의 정부나 신용도 높은 기업들이 발행한 채권은 대체로 안전하므로, 확정된 금리로 이자를 받을 수 있어 안정적인 수익원이 된다. 그래서 퇴직연금 가입자들은 투자의 리스크를 줄이고, 장기적으로 안정적인 자산 성장을 추구할 수 있다.

- **세제 혜택:** 퇴직연금 계좌는 추가납입 금액에 대해 세액공제를 받을 수 있다. 또 퇴직연금 계좌에서 발생한 채권의 이자수익은 과세이연되고 연금 수령 시 연금소득세 5.5%~3.3%만 과세되어 복리 효과를 높일 수 있다.

- **분산투자:** 퇴직연금 계좌에서 채권에 투자함으로써 다양한 자산군에 분산투자할 수 있다. 채권 ETF를 활용하면 다양한 종류의 채권-국채, 회사채, 하이일드 채권 등-에 쉽게 투자할 수 있어 포트폴리오의 안정성을 높일 수 있다.

- **유동성:** 퇴직연금 계좌에서 채권투자는 보통 국가에서 발행하는 국채, 지방채, 신용등급이 높은 회사채 등에 투자하므로 비교적 높은 유동성을 제공한다. 금리 상황에 따라 채권 만기 전이라도 적당한 시간에 매도하면 필요한 자금을 현금화할 수 있다. 이러한 유동성은 노후준비를 위한 중요한 요소이다.

- **리스크관리:** 채권투자는 시장 리스크가 상대적으로 낮지만, 퇴직연금 계좌에서 투자하는 채권은 너욱 안전한 자산군으로 구성된다. 한국의 퇴직연금 규정으로 퇴직연금에서는 고위험 상품(신용등급이 낮은 채권)에 대한 접근이 제한되므로, 투자자는 자연히 위험성이 낮은 자산을 중심으로 포트폴리오를 구성하게 된다. 이와 함께 채권은 주식과의 상관관계가 낮으므로 주식의 변동성을 방어하는 효과

도 있다.

퇴직연금에서 채권투자는 안정적인 수익과 세제 혜택, 분산투자, 높은 유동성, 그리고 강화된 리스크관리 등 많은 장점을 제공한다. 이는 장기적인 노후 자산관리 전략으로서 매우 유효하다. 특히 안정적인 수익을 추구하는 투자자에게 채권투자는 매력적인 선택이 될 것이다.

06
디폴트옵션(사전지정제도)는 무엇일까?

　디폴트옵션은 퇴직연금(DC형, IRP) 가입자가 자산운용 방식을 지시하지 않을 경우, 자동적으로 사전에 정해진 적격 투자상품으로 운용되도록 사전에 지정하는 제도이다. 가입자가 적극적으로 자산을 관리하지 않을 때, 자산이 방치되거나 수익성을 잃지 않도록 도입되었다.

1) 해외의 디폴트옵션 제도

　선진국에서는 일찌감치 디폴트옵션 제도를 도입해 수익률을 높이고 안정적으로 운용하고 있다. 특히 미국과 호주 등은 80% 이상의 가입자들이 디폴트옵션을 선택하고 있다. 이들 국가는 퇴직연금에 디폴트옵션을 도입하여 높은 수익률을 기록하고 있는 사례로 평가받고 있다.

미국의 디폴트옵션

미국의 대표적인 퇴직연금 제도인 401(k)에서는 디폴트옵션이 매우 활성화되어 있다. 적립된 퇴직금(근로자가 임금의 6% 이내, 회사는 같은 금액을 적립)에 대해 가입자가 스스로 투자대상과 운용 방식을 정한다. 가입자가 별도의 운용지시를 하지 않으면 적립금은 사전에 정해진 특정한 자산 즉 디폴트옵션에 투자된다. 2006년 이후, 미국의 퇴직연금 시스템은 디폴트옵션을 도입하여, 퇴직금을 자동으로 수익성이 높은 투자상품으로 운용해 가입자들은 장기적으로 안정적인 수익을 기대할 수 있게 되었다. 2007년부터는 80%가 넘는 가입자들이 TDF를 선택하고 있다. TDF는 투자자의 은퇴 시점에 맞춰 자동으로 자산배분을 조정해 리스크를 관리하는 상품이다. TDF를 디폴트옵션으로 선택한 많은 401(k) 가입자들은 지난 10년간 연 8%가 넘는 수익률을 경험하고 있다.

호주의 디폴트옵션

호주는 1992년에 MySuper 제도를 시작해 디폴트옵션을 초기에 도입한 국가이다. 호주에서는 모든 퇴직연금 기금이 하나의 디폴트옵션을 반드시 지정해야 한다. 퇴직연기금은 주로 라이프스타일펀드나 TDF 펀드를 MySuper 상품(한국의 디폴트옵션에 해당)으로 제공한다. 이 제도의 최대 장점은 비용 절감과 함께 경쟁적인 수익률을 확보할 수 있다는 것이다. 호주의 퇴직연금 평균 수익률은 7% 이상으로 보고되며, MySuper 상품은 다양한 자산배분 전략을 통해 안정성을 높이고 있다.

기타 국가의 디폴트옵션

스웨덴과 일본도 디폴트옵션 제도를 도입했다. 스웨덴은 국가 주도의 퇴직연금 제도를 운영하는데, 가입자가 추가로 금액을 기입하지 않아도 디폴트옵션으로 자동 운용된다.

  일본의 경우, 디폴트옵션에 원리금보장형 자산을 포함시켜 낮은 수익률을 기록한 사례가 있다. 디폴트옵션이 가입자에게 맞춤형으로 설정되지 않으면 기대한 효과를 얻지 못함을 보여준다.

2) 우리나라의 디폴트옵션 도입

  지난 10년간 퇴직연금 수익률은 평균 2.07%로, 물가상승률 약 2.20%에 비해 낮은 성과를 보였다. 이처럼 낮은 수익률을 내는 이유 중 하나는 가입자들이 원리금이 보장되는 안전자산에 투자하고 있기 때문이다. 실제로 우리나라 퇴직연금 적립금의 80.4%가 현금 또는 예·적금 등의 원리금보장상품에 분포되어 있다.

  이에 따라 우리나라에서도 수익률 제고를 위해 가입자가 직접 운용하는 IRP(2022. 12), DC형(2023. 3)에 디폴트옵션이 도입되었다. 디폴트옵션 상품은 위험 등급에 따라 기대 수익이 달라질 수 있으며, 고수익 상품은 초저위험 상품에 비해 훨씬 높은 수익률을 제공한다.

  디폴트옵션에는 원리금보장상품 외에도 TDF, 디딤 펀드 같은 밸런스 펀드(채권과 주식 등의 자산을 분산하여 투자하는 혼합형 펀드) 등 다양한 펀드 상품이 있다. 각 상품은 초저위험, 저위험, 중위험, 고위험으로 나뉘어 있어, 가입자는 자신의 투자성향에 맞는 상품을 선택할 수 있다. 또한 디폴트옵션은 시장 환경 변화에 따라 유연하게 조정된다. 이 제도의 도입으로 투자 여부나 구체적인 운용 방법에 대해 깊이 고민할 필요 없이, 자동으로 지정된 상품으로 보전 및 증식이 가능하게 되었다. 위험도에 따른 상품 구성은 다양하다.

〈표 34〉 디폴트옵션의 예

삼성증권 디폴트옵션 안정형 포트폴리오	초저위험	예금 50%, 예금 50%
삼성증권 디폴트옵션 안정투자형 포트폴리오 1	저위험	펀드 50%, 예금 50%
삼성증권 디폴트옵션 안정투자형 포트폴리오 2	저위험	펀드 50%, 예금 50%
삼성증권 디폴트옵션 중립투자형 포트폴리오 1	중위험	펀드 35%, 펀드 35%, 예금 30%
삼성증권 디폴트옵션 중립투자형 포트폴리오 2	중위험	펀드 40%, 펀드 40%, 예금 20%
삼성증권 디폴트옵션 적극투자형 포트폴리오 1	고위험	펀드 70%, 펀드 30%
삼성증권 디폴트옵션 적극투자형 포트폴리오 2	고위험	펀드 50%, 펀드 50%

디폴트옵션의 특징

- **운용상품을 고민하지 않아도 된다**: 디폴트옵션을 지정하면 운용지시를 하지 않아도 자동으로 운용되기 때문에 적립금을 방치하지 않고 관리할 수 있다.
- **다양한 위험도의 포트폴리오 선택**: 디폴트옵션 상품은 초저위험부터 고위험까지 다양한 위험도의 포트폴리오로 구성되어 있어, 자신의 투자성향에 맞게 선택할 수 있다.
- **좀 더 높은 금리 기대**: 디폴트옵션 전용 원리금보장상품은 일반 DC/IRP에 제공되는 정기예금보다 금리가 높은 경우가 많다.
- **저렴한 보수**: 디폴트옵션 전용 클래스 펀드는 동일한 퇴직연금 클래스 펀드에 비해 보수가 저렴하다.

디폴트옵션의 도입은 퇴직연금 시장에 큰 변화를 불러왔다. 가입자들은 복잡한 금융상품을 비교 분석할 필요 없이 디폴트옵션을 통해 간편하게 퇴직연금을 운용할 수 있게 되었고, 퇴직연금 수익률을 개선하는 효과도 있다.

그러나 디폴트옵션에도 단점은 있다. 최대 단점은 디폴트옵션의 도입

취지에 맞지 않게 초저위험 포트폴리오를 가져가고 있다는 점이다. 초저위험 포트폴리오는 주로 시중은행의 정기예금 형태로 운용되는데, 위험자산 비중을 확대하여 수익률을 제고하고자 하는 도입 취지에 어울리지 않는다. 많은 가입자가 상대적으로 안전한 초저위험 상품을 선택하여 수익률을 높이지 못하고 있는 것이 현실이다.

또한 디폴트옵션은 가입자들의 편리성을 높이는 대신에 자유도를 제한하기도 한다. 자신의 투자성향이나 목표에 맞게 포트폴리오를 조정할 수 없다는 것이다.

디폴트옵션을 반드시 지정해야 하나?
디폴트옵션 지정은 근로자퇴직급여보장법 제21조 2, 3, 4항에 의해 법적 의무 사항이다. 가입자는 정보를 제공받은 사전지정운용방법 중 하나를 본인이 적용받은 사전지정운용방법으로 선정하여야 한다고 명시되어 있다. 퇴직연금 가입자는 법적 의무 사항이나 미지정시 불이익 조항은 없다.

디폴트옵션을 지정 후 해지가 가능할까?
디폴트옵션은 한 번 지정하면 디폴트옵션 상품 포트폴리오를 변경할 수 있지만, 법적 의무 사항이기 때문에 디폴트옵션 자체를 해지할 수는 없다. 디폴트옵션 지정 상품을 더 이상 운용하지 않으려면 매번 현금성 유지신청 등 번거로운 절차를 따라야 한다. 추가 부담금도 디폴트옵션으로 운용하지 않으려면 부담금 입금 전에 매번 현금성 유지신청을 해야 한다. 디폴트옵션 상품을 매도할 경우에도 포트폴리오 내 개별상품을 매도할 수 없다. 매도 시점의 평균금액 기준 비율 매도만 가능하다.

투자 비율 등록을 하면, 디폴트옵션을 가입하지 않아도 된다

투자 비율 등록은 가입자가 자신의 퇴직연금을 사전에 정해진 비율로 여러 금융상품에 배분하여 운용하는 것이다. 가입자는 자산을 특정 상품이나 특정 위험 수준에 따라 나누어 투자할 비율을 정하게 된다. 70%는 주식형 펀드에, 30%는 채권형 펀드에 투자하는 식이다. 퇴직연금 가입자가 최초 자금 입금 전에 디폴트옵션 지정이나 상품 투자 비율 등록 중 하나를 먼저 지정하면 향후 입금되는 자금은 둘 중 하나를 따른다. 본인이 선호하는 금융상품으로 운용하려는 가입자는 디폴트옵션보다 투자 비율 등록을 활용하는 것이 좋다.

디폴트옵션을 지정하면 다른 상품에 가입할 수 없을까?

디폴트옵션을 지정해도, 일정한 규칙에 따라 언제든지 다른 상품을 운용할 수 있다.

DC, IRP 신규 가입자는 디폴트옵션 지정 후 2주 이내에 개별 상품을 매수하면 우선 적용된다.

기존 가입자의 기존 상품이 만기된 경우, 만기일 후 6주 안에(4+2주: 상품 만기일로부터 4주까지 운용지시가 없는 경우, 가입자에게 안내 후 2주 뒤에 디폴트옵션을 적용하므로) 개별 상품을 매수하면 된다. 금액의 70%만 개별 상품을 매수한다면 나머지 30%는 디폴트옵션 지정 상품으로 자동 매수된다.

디폴트옵션 상품을 다른 상품으로 변경하고자 한다면 먼저 디폴트옵션 상품을 매도한 후 현금 유지 신청을 해야 한다. 그 후에 새로 원하는 상품을 살 수 있다.

07

퇴직연금
실물 이전

　퇴직연금 실물 이전 제도(2024. 10. 31 시행)는 가입자가 보유하고 있는 퇴직연금 상품을 해지하지 않고 금융사를 변경할 수 있는 제도이다. 전에는 보유하고 있는 금융상품을 해지하고 현금화해야 다른 금융사로 계좌를 옮길 수 있었지만, 실물 이전 제도를 통해 중도해지로 인한 비용이나 손실없이 원하는 금융사로 이전할 수 있게 되었다.

　퇴직연금의 모든 상품이 이전 가능한 것은 아니다. 예금, 공모 펀드, ETF 등은 이전할 수 있다. 그러나 리츠, MMF(머니마켓펀드), ELS(주가연계증권), 니폴드옵션 상품은 이전할 수 없다. 또, 연금이 개시된 경우 세금과 관련된 문제로 실제 실물 이전이 매우 어렵다. 따라서 어떤 상품이 실물 이전이 가능한지 확인하기 위해서는 금융회사의 홈페이지나 고객센터를 통해 확인해야 한다.

〈표 35〉 퇴직연금 실물 이전 대상 상품

상품 구분		이전 가능 여부
원리금 보장 상품	예금(은행, 저축은행 등)	○
	GIC(신탁제공형)	○
	정부보증채권(국채, 통안채)	○
	원리금보장 파생결합사채	○
비원리금 보장 상품	채무증권	○
	지분증권, 리츠	
	펀드(MMF 제외)	○
	ETF	○
	파생결합증권	
	금리연동형 보험	
기타	디폴트옵션	

퇴직연금 실물 이전 절차는 다음과 같다.

① **사전 조회**: 먼저, 자신이 보유한 상품이 실물 이전이 가능한지 확인해야 한다. 사전 조회는 현재 가입한 금융회사나 이전하려는 금융회사 모두 조회가 가능하다.

② **이전 신청**: 실물 이전이 가능하다는 것을 확인했다면, 모바일 앱 등을 통해 이전 신청을 진행한다. 신청 시 '현금' 또는 '실물' 이전을 선택할 수 있다. 상품 중 실물 이전이 불가능한 경우, 해당 상품은 환매하여 현금화해야 한다. 환매가 불가능한 펀드가 있는 경우 이전이 불가능하다.

③ **이전 절차 진행**: 이전 신청 후, 금융회사 간의 확인 작업과 상품 이동이 진행된다. 실물 이전이 가능한 상품은 그대로 이전되며, 불가능한 상품은 매도 후 현금으로 처리된다. 모든 절차가 완료되면 알림을 통해 확인할 수 있다.

퇴직연금 실물 이전 시 다음 사항을 체크해보자.

- **DC형 가입자의 경우:** DC 가입자는 소속 회사의 규약에 따라 이전 가능한 금융기관이 정해져 있고 또한 이전 가능한 기간이 정해져 있기도 하니 확인하고 진행해야 한다. 회사가 정한 사업자 내에서 회사를 통해서 사업자 변경이 가능하다.
- **IRP 가입자의 경우:** IRP 가입자는 본인이 직접 이전할 금융회사를 선택할 수 있다. 사전 조회 서비스를 이용해 실물 이전 가능 여부를 확인한 후, 원하는 금융회사에 IRP를 개설하면 된다.

5장

연금계좌

01

연금계좌란 무엇인가?

연금은 개인이 소득의 일부를 일정 기간 납입하여 노후에 정기적으로 지급되는 금액이다. 크게 정부가 운영하는 공적연금과 금융기업이 운영하는 사적연금으로 나뉜다. 대표적인 공적연금에는 국민연금, 사적연금에는 개인연금 상품들이 있다.

특히 사적연금에서는 연금저축계좌와 IRP 계좌가 중요하다. 연금저축계좌는 개인이 가입하는 계좌로, 가입 기관에 따라 신탁(은행, 현재는 개설 제한됨), 펀드(증권사), 보험(보험사)으로 나누어진다. 이러한 계좌에 납입한 금액은 세액공제 혜택을 받을 수 있다. 예를 들어 연금저축계좌에 최대 600만 원까지 납입하면, 소득 수준에 따라 16.5~13.2%의 세액공제를 받을 수 있고, IRP 계좌를 추가로 활용하면 총 900만 원까지 세액공제를 받을 수 있다.

연금계좌의 중요한 특징 중 하나는 세금의 이연 효과이다. 보통 투자

수익은 발생 즉시 세금이 부과되지만, 연금계좌에서 발생한 수익은 연금으로 인출할 때까지 과세가 유예되어 전체 수익률을 높일 수 있다. 또한, 55세 이후 연금을 수령할 때 낮은 세율이(5.5~3.3%) 적용되어, 세금 부담을 줄일 수 있다.

연금계좌에서 이루어지는 투자는 복리 효과를 통해 시간이 지남에 따라 큰 자산으로 성장할 잠재력을 가지고 있다. S&P500과 같은 지수에 장기간 투자할 경우 평균적으로 연 5% 이상의 수익을 기대할 수 있다는 연구 결과도 있다. 따라서 연금계좌는 노후 자금 준비와 함께 세액공제 및 과세이연 효과를 통해 재정적 안정성을 제공하는 중요한 금융상품이다.

02
연금저축계좌의 역사

연금저축계좌의 역사는 한국의 노후준비와 관련된 제도의 발전 과정에서 중요한 위치를 차지하고 있다. 이 계좌는 개인의 은퇴 후 수입을 보장하기 위해 설계된 다양한 금융상품으로, 그 역사를 살펴보면 한국의 연금 제도 변천사를 이해할 수 있다.

〈표 36〉 연금저축계좌의 역사

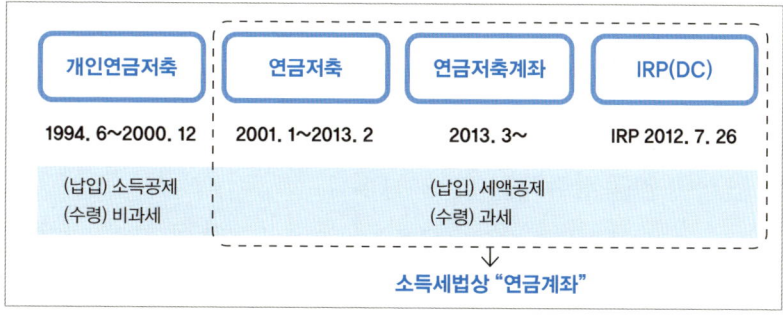

1) '개인연금저축(=구) 개인연금)': 개인연금의 시작(1994년)

연금제도의 뿌리는 1994년에 도입된 '개인연금저축'에서 시작되었다. 당시 정부는 공적연금만으로는 충분한 노후 자금을 마련하기 어려움을 인식하고, 다양한 세제 혜택을 통해 개인이 자율적으로 노후준비를 할 수 있도록 유도했다. 개인연금저축은 만 20세 이상의 국내 거주자를 대상으로 하였으며, 소득공제(납입액의 40%, 연간 72만 원 한도)를 제공하여 가입자들을 끌어모았다. 지금은 '구) 개인연금'으로 불린다.

2) '연금저축' 제도: 개념의 변화와 제도 정비(2001~2013년)

2001년부터 '개인연금저축'이라는 용어가 중지되고 '연금저축' 제도로 변경되었다. 이때부터는 소득공제를 확대(납입액의 100%, 연간 300만 원 한도)하고, 중도해지 시 기타소득세 22%를 부과해 쉽게 해지하지 않고 실질적인 노후준비를 하도록 장려하였다. 2006년, 2011년에는 더욱 세제 혜택이 확대되어, 연금저축의 활성화에 기여하였다.

2013년부터 현재의 '연금저축계좌'라는 명칭을 사용하게 되며, 이때부터 연금저축이 소득세법에서 정식으로 연금계좌에 포함되게 된다. 이 큰 변화에는 연금 수령 시 과세 방식을 정교화하고, 세액공제 제도를 개선하는 등의 조치가 포함되어 있다. 연금소득세는 연금 수령자의 연령에 따라 다르게 적용되어, 특히 고령층의 세 부담을 줄여주는 효과가 있다.

3) 현재의 연금저축계좌(2013년 이후)

연금저축계좌는 이제 고령화사회에 대응하기 위한 중요한 수단으로 자리 잡았다. 특히, 2013년 이후에는 세액공제 혜택이 더 확대되어 연간 최대 600만 원까지 세액공제를 받을 수 있게 되었으며, 추가로 IRP 계좌와 함께 활용하면 최대 900만 원까지 세액공제가 가능해졌다. 이러한 세제 지원은 많은 개인들이 노후준비의 일환으로 연금저축 상품에 가입하도록 유도하고 있다.

  현재 연금저축계좌는 여러 가지 투자 옵션을 제공한다. 투자자는 주식형 펀드, 채권형 펀드, 그리고 다양한 ETF에 직접 투자할 수 있어 비교적 높은 수익률을 기대하며 운영할 수 있다. 그러나 중도인출이나 해지 시에는 세금 부과 조건이 다르므로, 이 점에 유의해야 한다.

03
구) 개인연금(개인연금저축)의 특성과 운용

　개인이 연간 저축한 금액의 일정 부분을 과세대상에서 공제해 주는 개인연금저축은 가입 시기에 따라 2가지로 구분된다. 1994년 6월에 도입된 '개인연금저축(이하 구) 개인연금)'(1994. 6~2000. 12 가입)과 2001년 이후 도입된 '연금저축'이다.
　구) 개인연금은 현재 신규 가입이 되지 않지만, 2001년 이전에 가입했다면 앞으로도 계속 저축하면서 납입액 일정 부분에 대한 소득공제를 받을 수 있다. 분기마다 300만 원(연간 최고 1,200만 원)까지 저축할 수 있으며, 납입액의 40%(한도 72만 원, 납입액 기준 180만 원)를 과세 대상에서 소득공제를 받을 수 있다.

<표 37> 구) 개인연금의 구조

납입한도	분기 300만 원
소득공제	납입액의 40% 소득공제(소득공제금액 기준 **연 72만 원** 한도, 납입액 기준 180만 원)
상품운용	단일상품 투자(펀드 전환 가능)
연금수령요건	가입기간 10년 이상 & 만55세 이후
연금 의무수령기간	**최소 5년 이상**(연금수령한도 적용 ×)
연금수령 과세	비과세
중도인출	불가능
중도해지 과세	운용수익 × 이자소득세 15.4%(금융소득 종합과세 대상, **해지는 절대 금물!!!**)
부득이한 사유	천재지변, 사망, 해외이주, **퇴직 or 폐업**, 본인의 3개월 이상 요양
	이자소득 비과세

구) 개인연금의 운용

보험사에서 가입한 구) 개인연금보험은 생명보험과 손해보험에 따라 다르게 운용된다. 생명보험에서는 최저 보증 이율 5~7.5%로 운용하며, 연금으로 지급 시 10년간 할증 정액을 지급 후 11년 차부터는 10년 차 지급액과 동일한 금액을 종신 동안 지급한다.

손해보험에서는 납입 시 최저 보증 이율 4~5%로 운영하며, 연금 지급 시 수령 기간을 5년, 10년, 15년, 20년 중에서 선택하도록 한다.

시중은행을 통해 가입한 구) 개인연금신탁은 최저 보증 없이 실적배당형으로 운용하는데 안정형이나 채권형의 형태로 운용한다. 연금 지급은 5년 이상의 기간 확정형으로 지급된다.

투자신탁(구)한국투자신탁, 구)대한투자신탁, 구)국민투자신탁 등)에서 가입한 구) 개인연금펀드는 실적배당형으로 운용된다. 주식형, 채권형, 혼합형 중에서 가입자가 하나의 펀드만 선택해 운용한다. 연금은 5년 이상의 기간확정형으로 지급된다.

구) 개인연금펀드는 단일펀드에만 투자할 수 있으므로 다양한 자산에 분산된 펀드에 가입하는 것이 유리하다. 최근에는 구) 개인연금펀드에 자산배분 펀드인 TDF 상품도 나와 있어 선택의 폭이 넓어졌다.

구) 개인연금의 연금 수령

구) 개인연금 가입자가 연금을 수령할 때 원금과 운용수익에 대해 일정한 조건을 충족하면 과세되지 않는다. 연금 수령 연령 55세 이상, 가입 기간 10년 이상, 연금을 받는 기간이 5년 이상이면 과세되지 않는다. 현재, 저축할 때 소득공제(연간 72만 원 한도) 혜택을 주면서도 연금 수령 시 과세되지 않는 금융상품은 구) 개인연금이 유일하다.

구) 개인연금의 중도해지, 일시금 수령 시 주의할 점

구) 개인연금은 중도인출은 불가능하며, 중도해지나 일시금 등 연금 외 방법으로 수령하면 과세가 있다. 중도해지 시 납입 원금에는 과세되지 않고 이자소득과 운용수익에 대해 15.4%가 부과되며, 이자소득과 운용수익이 2,000만 원을 초과하면 금융소득종합과세 대상에 포함된다. 다만, 다음과 같은 부득이한 사정으로 중도에 해지하는 경우 이자소득세가 없다. (단, ③ ④ ⑤의 경우라면 해당 사유가 발생한 후 6개월 이내에 중도해지하여야 한다.)

① 가입자가 사망한 경우
② 가입자가 해외로 이주하는 경우
③ 가입자가 퇴직하는 경우
④ 사업장이 폐업한 경우
⑤ 3개월 이상 입원 또는 요양이 필요한 경우

따라서 구) 개인연금을 은퇴 이후 연금 재원으로 사용한다면, 국민연금이 인출되기 전에 가교 연금으로 활용하면 좋다. 반면에 은퇴 이후 비상예비자금이나 기타 목적자금으로 사용하고자 한다면, 퇴직 이후 6개월 이내에 해지하면 비과세 혜택을 받을 수 있다.

구) 개인연금의 이전

구) 개인연금은 가입한 금융사에 따라 보험(보험사), 신탁(시중은행), 펀드(투자신탁) 등이 있다. 구) 개인연금은 구) 개인연금(보험, 신탁, 펀드)로만 이전할 수 있다. 최근 투자 실적에 따라 적립금이 변동하는 실적배당형상품에 대한 관심이 높아지면서 증권회사의 펀드로 이전하려는 경우가 많다.

하지만 무턱대고 구) 개인연금을 이전해서는 곤란하다. 구) 개인연금 보험의 경우 최저 4~7.5%의 확정금리 상품이 많아, 이전하지 않는 것이 유리할 수 있다. 그러나 구) 개인연금을 은행이나 보험사에 가입했는데 상품의 납입기간이 종료되어 더 이상 납입이 불가능한 경우 혹은 은행이나 보험사의 운용수익에 만족을 못 하는 경우라면 증권사의 구) 개인연금펀드로 이전하는 것이 좋다.

과거에는 계좌를 이전하려면 기존 금융회사와 신규 금융회사를 모두 방문해야 했지만, 지금은 신규 금융회사 한 곳만 방문하면 된다. 구) 개인연금의 이전은 온라인으로는 불가능하므로, 이전하고자 하는 금융기관을 직접 방문해야 한다.

04
연금저축계좌의 특징

'연금저축'은 2001. 1~2013. 2까지 가입한 상품이다. 연간 300만 원 한도로 소득공제 혜택을 부여했다. 연금저축은 금융회사에 따라 연금저축보험(보험사), 연금저축신탁(은행), 연금저축펀드(증권사) 등의 명칭으로 판매되었다. 증권사에서 가입한 연금저축 펀드도 가입자가 선택한 하나의 펀드로만 운용해 노후 자금을 확보하는데 어려움이 많았다.

'연금저축계좌'는 2013. 3 이후 현재까지 가입하는 상품이다. 일정 기간 납입 후, 만 55세 이후에 연금 형태로 인출 시 서율의 연금소득세가 부과되는 세제 혜택이 있다. 보험회사에서 연금저축보험으로 판매되고, 은행에서는 연금저축신탁으로 판매되다가 2018. 1부터 판매가 중단되었다. 증권사나 은행의 연금저축계좌에서는 다양한 상품으로 포트폴리오를 구성할 수 있다.

⟨표 38⟩ 연금저축계좌의 변화

구분	연금저축 2001. 1~2013. 2. 28	연금저축계좌 2013. 3. 1~	IRP	
			2012. 7. 26~	2013. 3. 1~
납입한도	IRP와 합산 연간 1,800만 원 + ISA만기 전환 금액 + 60세 이상 주택다운사이징 차액(1억)			
연금수령요건	가입기간 5년 이상 & 만 55세 이후 (단, 계좌에 퇴직소득이 있을 경우 가입기간 5년 불필요)			
연금 의무수령기간	최소 5년 이상	최소 10년 이상	최소 5년 이상	최소 10년 이상
	(연간 연금수령한도를 적용하여 간접적으로 규제)			
소득(세액)공제	납입액의 13.2 or 16.5%까지 세액공제 납입액 기준 최대 연 900만원(연금저축계좌 단독 600만원)_ISA전환금 제외			
연금수령 과세	연금소득세 3.3~5.5%(70세 이상 5.5%, 70세 이상 4.4%, 80세 이상 3.3%) 단, **연 1,500만원 초과 수령 시 전액 「종합과세 or 16.5% 분리과세」 선택 신고**			
연금 외 수령 과세	기타소득세 16.5%			
부득이한 사유	사망, 해외이주, **개인회생 및 파산**, 천재지변, **본인+부양가족** 3개월 이상 요양, 재난피해로 15일 이상 입원치료			
	연금소득세 3.3~5.5% 무조건 분리과세(단, 요양과 재난은 한도 존재)			

연금저축계좌의 특징

- **가입대상 제한 없음:** 연령에 제한이 없고, 주부, 미성년자 등도 가입할 수 있다.

- **납입 한도 및 가입기간:** 누적 가입기간은 최소 5년 이상이어야 한다. 연간 납입 한도는 퇴직연금 계좌(DC, IRP)에 추가납입하는 금액 포함 전 금융기관 합산 최대 1,800만 원이다.

- **세제 혜택:** 연간 최대 600만 원까지 납입금에 대해 세액공제(소득에 따라 16.5~13.2%)가 된다. 연금 수령 시까지 운용소득에 대한 세금이 부과되지 않고(과세이연), 연금으로 수령 시 낮은 수준의 연금소득세(5.5~3.3%)가 과세된다.

- **인출 조건:** 연금 지급 연령이 된 후에는 연금 수령 한도 내에서 월별로 인출이 가능하다. 인출 한도는 연금 계좌 평가액에 기반하며,

쉽게 접근할 수 있다. 중도인출이나 해지를 원할 경우 기타소득세(16.5%)가 부과될 수 있어 사전 계획이 필요하다. 그러나 부득이한 사유(천재지변, 의료비 등)로 인해 인출 시에는 연금소득세가 적용된다.

- **투자 방식:** 연금저축계좌는 다양한 금융상품에 투자할 수 있어 자산관리를 유연하게 할 수 있다. 일반 공모펀드, ETF, 리츠 등에 투자할 수 있어 높은 수익을 추구할 수 있다.

납입단계 세제 혜택에 따른 연금 상품 구분

개인이 노후 자금을 마련하기 위해서 납입하는 개인연금은 납입단계에서 세제 혜택이 있는 상품과 세제 혜택이 없는 상품이 있다. 납입단계에서 세제 혜택을 주는 상품을 세제적격 연금, 납입단계에서 세제 혜택이 없는 상품을 세제비적격 연금이라고 한다.

〈표 39〉 납입 시 세제 혜택에 따른 개인연금 상품 구분

납입 시 세제혜택 있음		납입 시 세제혜택 없음
구) 개인연금	연금저축	저축성 보험
1994. 6~2000. 12	2001. 1~2013. 2: 5년 수령 2013. 3~: 10년 수령	
(납입) 소득공제 (수령) 비과세	(납입) 세액공제 (수령) 과세	10년 이상 유지 시 보험차익 비과세

구) 개인연금(1994. 06~2000. 12 가입)은 납입 시 연간 72만 원의 소득공제가 되며, 연금으로 수령 시에도 비과세가 되는 세제적격 연금이다. 2001년부터 판매된 연금저축(최소 납입기간 10년, 5년 이상 연금 수령)과 2013년 3월 이후 판매된 연금저축계좌(최소 납입기간 5년 이상, 10년 이상 연금 수령)는 연간 600만 원까지 세액공제가 된다. 55세 이후 연금으로 수령할 수 있으며, 5.5~3.3%로 저율과세 된다.

세제비적격 연금은 납입금액에 대한 세금혜택은 없지만 연금 수령 시 비과세 혜택이 있다. 주로 보험회사에서 판매하는 연금보험이나 변액연금과 같은 상품으로, 가입기간이 10년 이상이면 연금으로 수령 시 과세되지 않는다.

세제적격 연금은 초기에 세액공제를 통해 세금 부담을 덜 수 있으며, 장기적으로 낮은 세금으로 수령할 수 있는 점이 장점이다. 세제비적격 상품은 초기 세금 혜택은 없지만, 오랜 기간 운영할 경우 비과세 혜택을 누릴 수 있다.

연금 상품 선택 시, 각 상품의 특성과 본인의 재정 계획을 고려해야 한다. 어떤 상품이 적합할지는 개인의 상황, 소득 수준, 투자 기간 및 금액 등에 따라 달라질 수 있다.

연금저축보험 vs 연금저축계좌

연금저축보험은 보험사에서 판매하는 상품으로, 보험사에서 직접 운용하는 연금이다. 장점은 원금이 보장되고, 연간 납입금 600만 원까지 세액공제가 되며, 공시이율에 따라 수익률이 결정되어 별도로 관리할 필요가 없으며, 종신연금을 선택할 수 있다는 것이다. 단점도 있다. 보험상품이므로 사업비가 부과되며, 수익률이 낮고 중도해지 시 원금 보장이 안 될 수도 있다(연금저축보험 가입 후 7~8년 이전에 해지하면 해지 환급금이 원금보다 적을 수 있음). 일반적으로 연금저축은 장기적인 관점에서 가입하는 것으로 원금보장도 중요하지만 물가를 따라가지 못한다면 연금자산으로 효과성이 떨어진다.

    연금저축계좌는 주로 증권사에서 판매하는 상품이다(현재 은행에서는 연금저축계좌나 연금저축보험을 판매하고, 연금저축신탁은 판매중단). 주로 실적 배당형 상품으로 운용한다. 연금저축보험처럼 연간 납입금 600만 원까지 세액공제가 된다. 연금저축계좌의 장점은 사업비가 없고, 포트폴리오를 구성해서 투자한다면 연금저축보험보다 높은 수익률을 낼 수 있다는 점이다. 단점은 투자로 인해 손실을 입을 수도 있어 원금보장이 되지 않는다는 점이다. 그러나 최근 세액공제를 위한 상품으로 연금저축보험보다는 연금저축계좌를 선택하는 경우가 훨씬 많으며, 기존의 연금저축보험을 연금저축계좌로 이전하는 경우도 많다.

05
연금저축계좌의 운용

1) 연금저축계좌에서 투자 가능한 상품

연금저축계좌(연금저축 포함)에서는 다양한 상품을 운용할 수 있다. 또한 주식형 펀드와 같은 위험자산에도 100% 투자가 가능하다.

- **국내, 해외 주식형 펀드:** 연금저축계좌에서는 국내 주식형 펀드는 물론 해외 주식형 펀드에도 가입할 수 있다. 연금저축계좌에서는 해외 주식형 펀드에서 수익이 많이 나더라도 그 수익에 대해 연금으로 수령 시 저율의 연금소득세로 과세하기 때문에, 해외 주식형 펀드를 적극적으로 활용하기 좋다. 대표적인 펀드는 다음과 같다.

피델리티글로벌테크놀로지(주식)
에셋플러스글로벌리치투게더(주식)

삼성미국그로스증권자투자신탁UH(주식-재간접형)

- **국내외 채권형 펀드**: 변동성이 적으면서도 중수익의 수익을 추구할 경우 채권형 펀드로 다양하게 투자할 수 있다. 채권형 펀드는 단기와 장기 그리고 해외와 국내 펀드가 있다. 대표적 펀드는 다음과 같다.

삼성ABF코리아장기채권인덱스증권투자신탁(채권)
흥국멀티플레이증권자투자신탁4(채권)
우리PIMCO토탈리턴증권투자신탁(채권-재간접형)

- **혼합형 펀드**: 혼합형 펀드로는 주로 TDF와 같은 자산배분형 펀드가 많다. 특히 연금자산으로 운용을 할 때 장기적으로 안정적인 수익률을 얻고자 한다면 TDF는 꼭 하나 담기를 추천한다. 대표적 펀드는 다음과 같다.

삼성한국형TDF2040
신한마음편한TDF2045
키움키워드림TDF2045

- **월 배당 펀드**: 최근 우리나라에서 연금자산으로 안정적인 배당에 대한 관심이 높아지면서 연금저축계좌에서도 투자가 가능한 월 배당을 하는 펀드가 출시되었다. 연 6~7%대의 배당을 하면서도 추가적인 투자자산의 상승이 기대되는 펀드로 연금저축계좌에서 투자할 수 있다. 대표적 펀드는 다음과 같다.

신한MAN글로벌하이일드월배당증권투자신탁(H)(채권-재간접형)

삼성ETF를담아월배당투자신탁(채권혼합-재간접)

- **ETF(국내 및 국내 상장된 주식형/ 채권형 및 원자재까지):** 연금저축계좌에서는 다양한 ETF 투자가 가능하다. ETF로 100% 투자를 할 수 있으며, 위험자산 투자한도가 없다. 금, 유가, 구리, 농산물 등 선물 ETF도 투자가 가능하다. 대표적 ETF는 다음과 같다.

TIGER 미국S&P500

KODEX 미국나스닥100

TIGER 엔디비아미국채커버드콜밸런스(합성)

- **리츠:** 대표적인 리츠로는 삼성FN리츠, SK리츠, 한화리츠, 맥쿼리인프라 등이 있다.
- **연금저축계좌에서 투자가 불가능한 상품들:** 정기예금, ELB, DLB, 주식, 채권 직접투자, 레버리지 ETF, 인버스 ETF, 해외상장 ETF, 파생금융상품인 ELF, DLS 등은 연금저축계좌에서 가입할 수 없다.

2) 시기에 따른 연금저축계좌 활용

- **20~30대:** 사회 초년생들은 은퇴까지 많은 시간이 남아있다. 따라서 자신의 소득 10%는 무조건 연금저축계좌에 납입하는 것이 좋다. 연말정산으로 세액공제 받은 부분도 연금저축계좌에 재투자하면 더욱 좋다.

이 시기 연금저축계좌에서는 인덱스형 펀드에 가입하는 것이 좋다.

S&P500지수와 미국나스닥과 같은 지수에 장기적으로 적립한다면 시간에 따른 복리 효과로 든든한 노후 자금을 만들 수 있을 것이다.

- **40~50대:** 은퇴에 대한 철저한 준비가 필요한 시기이다. 소득의 10% 이상 연금저축과 IRP 계좌에 추가납입하여, 세액공제 혜택을 받으면서 은퇴자금을 준비해야 한다.

  연금저축이나 IRP 계좌에는 자산배분형 펀드인 TDF에 50%, 나머지는 글로벌 선진국 지수에 투자하면 좋을 것이다.

- **60세 이후:** 연금저축계좌에서 연금을 수령을 해야 하는 시기이다. 따라서 이 시기는 안정적으로 운용을 하므로, 앞에서 언급한 월 배당 펀드에 가입하는 것이 좋을 것이다.

  삼성ETF를담아월배당펀드는 연 6.7%의 배당과 자산의 성장을 추구하는 펀드로 삼성자산운용의 전문가들이 ETF를 활용하여 운용하는 상품이다. 또한 신한MAN글로벌하이일드월배당펀드는 채권형 펀드로 주로 신용등급이 낮은(BB) 등급의 하이일드 채권에 투자해 연 7%의 배당과 채권 자산의 성장을 추구하는 채권형 상품이다.

06
연금저축계좌 관리하기

수익률을 높이기 위해 연금저축계좌로 이전해보자

연금저축계좌는 장기간 유지하는 계좌이므로, 계좌 개설 시 본인에게 무엇이 안정적이고 유리할지 판단해야 한다. 계좌를 유지하고 있어도 수익률이나 서비스에 불만족스러운 경우, 또는 더 나은 조건의 상품으로 바꾸고 싶을 경우 이전을 고려할 수 있다.

구) 개인연금(1994. 6~2000. 12 판매)은 그 당시의 상품으로만 이전할 수 있다. 더 높은 수익률을 추구할 경우 구) 개인연금보험이나 구) 개인연금신탁에서 구) 개인연금펀드로만 이전할 수 있다. 이전할 때는 이전하고자 하는 금융기관에 직접 방문하면 된다. 구) 개인연금보험은 해지 환급금이, 구) 개인연금신탁은 이전 시의 평가금액으로 환매되어 현금으로 이전된다. 그동안 받았던 소득공제는 그대로 인정된다.

2001년 1월~2013년 3월까지 판매된 연금저축보험, 연금저축신탁, 연금저축펀드도 상호간에 이전이 가능하다. 그러나 전산 개발이 되지 않은 금융기관은 이전을 받을 수 없으니 이전이 가능한지 확인해야 한다.

2013년 3월 이후 판매된 연금저축보험이나 연금저축신탁 그리고 증권사의 연금저축계좌는 서로 간에 이전이 가능하다. 그런데 2013년 3월 이후에 가입한 연금저축계좌를 그 이전에 판매된 상품으로 이전은 불가능하다. 그러나 2001년 1월 이후 판매된 연금저축은 2013년 3월 이후 판매된 연금저축계좌로 이전이 가능하다.

연금저축계좌를 이전할 때는 이전하고자 하는 금융기관에 직접 방문하거나 해당 금융기관의 모바일 앱을 통해서 이전신청을 하면 된다. 연금저축(계좌) 이전을 해도 그동안 받았던 세액공제는 그대로 인정된다.

연금이 개시된 연금계좌도 이전할 수 있다

연금이 개시되었어도 연금 이전이 가능하다. 옮겨갈 금융기관에 이전용 연금저축계좌를 개설하고 이전신청을 하면 된다. 단, 계약의 특성상 생명보험사에서 종신형으로 연금이 개시된 것은 이전이 불가능하다.

연금저축보험이 만기가 되어 연금을 수령하는 중이라도 증권사의 연금저축계좌로 이전도 가능하다. 그러나 실무적으로 일부 보험사나 은행들이 시스템 부재로 인하여 안 되는 경우도 있으니 확인하고 이전해야 한다. 삼성증권 등 일부 증권사는 이관 및 수관 업무가 가능하다.

연금저축계좌와 IRP 계좌를 통합하기

- **연금계좌가 여러 개라면:** 연금계좌들을 통합해서 운용해 보자. 관리하기도 용이하고 수수료도 절감할 수 있다. 54세까지는 IRP 계좌 간 또는 연금저축계좌 간 통합만 가능하다. 55세 이후에는 IRP 계좌와 연금저축계좌를 통합할 수 있다. 연금계좌를 통합하더라도 세제 혜

택은 그대로 유지되고 이체를 받은 연금계좌를 기준으로 연금 수령 조건이 적용된다. 단 연금저축계좌를 2013년 2월 말 이전에 가입한 계좌로는 이체를 할 수 없다.

- **수수료를 절약해 보자:** 수수료를 절약하려면 IRP를 연금저축계좌에 통합하는 것도 고려하자. 금융기관별로 다르지만 보통 IRP 계좌는 관리수수료가 있고, 연금저축계좌에는 관리수수료가 없다. IRP 계좌와 연금저축계좌를 통합하려면 금융기관을 방문해야 해서 번거롭지만, 수수료를 절약하려면 못 할 것도 없다.

- **주식 편입 비중을 높여 보자:** 적극적인 투자를 원한다면 IRP와 연금저축계좌 통합도 고려해 보자. IRP 계좌는 30%의 안전자산 비중을 가져가야 한다. 그러나 연금저축계좌에서는 주식형 자산에 100% 투자가 가능하고, 좀 더 다양한 ETF나 리츠에 투자가 가능해 적극적으로 투자할 수 있다.

- **새로운 IRP 계좌를 활용해 보자:** IRP 계좌는 1개의 금융기관에 1개만 만들 수 있다. 곧 퇴직할 예정이라 새로 받을 퇴직금만 IRP 계좌에서 운용하고, 이전에 세액공제 받은 부분을 통합해 운용하고 싶다면 어떻게 해야 할까? 55세 이후 연금저축계좌와 IRP를 연금저축계좌로 통합하여 운용하고, 새로운 IRP를 만들어서 퇴직금을 이체받으면 된다. 퇴직금은 IRP에서, 세액공제 받은 부분은 연금저축계좌에서 각각 운용이 가능하다.

6장

ISA 계좌

01

ISA 계좌의 특징

ISA 계좌(Individual Savings Account, 개인종합자산관리계좌)는 '만능통장'이라는 별칭을 가질 만큼, 여러 금융상품을 하나의 계좌에서 통합 관리하며 절세 혜택을 누릴 수 있는 매력적인 계좌이다.

- **가입 조건:** 만 19세 이상이면 누구나 가입할 수 있으며, 가입 직전 3개년 중 한 해라도 이자와 배당소득의 합이 연간 2,000만 원 이상인 금융소득종합과세 대상자였다면 가입할 수 없다. 즉 2023~25년까지 금융소득종합과세자가 아니어야 2026년에 가입할 수 있다. 총급여가 5,000만 원 이하 또는 종합소득 3,800만 원 이하일 경우 서민형으로 가입할 수 있다. 전 금융기관을 통해 1인 1개의 ISA 계좌만 개설할 수 있다.
- **의무 가입기간 3년:** 3년의 의무 가입기간 내에 해지하면 계좌에서

발생한 수익에 대해 일반과세가 적용된다. 장기 투자를 장려하기 위해서이다.

- **납입 한도:** 매년 최대 2,000만 원까지 납입할 수 있으며, 5년 동안 최대 1억까지 납입할 수 있다. 납입하지 못한 한도는 4년 동안 이월되므로 유연하게 활용할 수 있다.
- **투자 가능 자산:** ISA 계좌는 국내 상장 주식, ETF, 펀드, 채권 등 다양한 금융상품에 투자할 수 있으며, 중개형 ISA 계좌는 직접 주식 투자가 가능하다는 점에서 큰 인기를 끌고 있다. 해외 주식에 직접 투자하는 것은 불가능하므로, 국내상장 해외 ETF 등을 활용하면 된다.
- **세제 혜택:** ISA 계좌에서 발생한 이자, 배당, 매매차익에 대한 세제 혜택이 있다. 일반형의 경우 수익분 200만 원까지는 비과세로 처리되고 200만 원 초과분에 대해서는 9.9%의 낮은 세율로 분리과세가 된다. 서민형 및 농어민형이라면 최대 400만 원까지 비과세로 처리된다(초과분은 9.9% 분리과세).
- **노후 자금 및 세액공제:** ISA 계좌 만기 자금(일부 또는 전부)은 연금저축이나 IRP로 이전할 수 있다. 이체한 금액의 10%에 대해 최대 300만 원까지 추가 세액공제를 받을 수 있어 은퇴 준비에 특히 유용하다.
- **중도인출과 해지:** ISA 계좌는 원금 범위 내에서 횟수 제한 없이 중도인출 할 수 있다. 그러나 중도인출 시 계좌 만기해지 전에 발생한 수익에 대해서는 세금이 부과되므로 신중하게 고려해야 한다. 따라서 납입 원금은 인출해도 되지만, 발생한 수익에 대해서는 가입일로부터 3년 이후에 해지하는 것이 좋다.

02
ISA 계좌의 종류

ISA 계좌는 전 금융기관을 통해 1개의 계좌만 만들 수 있다. ISA 계좌를 만들 때 다음 3가지 중 1가지를 선택해 가입해야 한다.

① **일임형 ISA:** 개인이 금융사에 투자를 일임한 상품. 개인이 금융사가 제시한 투자 포트폴리오를 보고 선택한 뒤, 금융사의 투자전문가에게 전적으로 일임하여 투자한다. 개인이 직접 운용하는 번거로움이 없는 반면, 수수료가 높다.

② **신탁형 ISA:** 신탁형의 운용은 개인이 직접 한다. 금융사는 포트폴리오를 제공할 수 없고 투자자의 선택대로 매매만 하는데, 예금이나 적금 등에 가입할 수 있다.

③ **중개형 ISA:** 가장 많이 선택하는 ISA로, 증권사에서만 가입이 가능하다. 금융상품에 직접 투자하면서 세제 혜택을 받고 싶은 투자자

라면 중개형 ISA를 선택하는 것이 좋다. 국내 주식에 직접투자가 가능하나, 해외 주식 직접투자나 예금이나 적금에는 투자할 수 없다.

〈표 40〉 ISA의 종류와 특징

종류	전문가가 대신 운용하는 일임형	예금도 필요하다면 신탁형	채권, 주식 투자가 가능한 중개형
투자상품	펀드, ETF 등	예금, RP, 리츠, ETF, 상장형수익증권, 파생결합증권 등	채권, 국내상장 주식과 펀드 및 ETF, 리츠, 상장형수익증권, 파생결합증권 등
투자방법	전문가의 포트폴리오로 일임 운용	고객이 직접 투자상품을 선택	
보수 & 수수료	일임수수료: 연 0.10% /연 0.50% (상품유형별 상이, 분기 후취)	신탁보수: 연 0.20%(연 1회 후취)	투자상품별 수수료 및 보수
차별점	전문가의 운용	예금에 적합	채권, 한국 주식 투자 가능

투자성향이 안전 지향이며 적금이나 예금 형태의 금융상품을 선호한다면 신탁형을, 투자성향이 공격적이거나 적금이나 예금보다 높은 수익률을 추구한다면 중개형 ISA를 선택하는 것이 좋다.

ISA 계좌는 절세 효과와 다양한 투자 가능성을 갖춘 유용한 금융상품이다. 노후준비나 자산 증식을 원한다면, 매력적인 옵션이 될 것이다. 그러나 가입 시 반드시 본인의 금융 상황과 투자 목표를 고려하여 신중하게 결정하는 것이 중요하다. 이를 통해 ISA 계좌의 장점을 최대한 활용할 수 있을 것이다.

03
ISA 계좌의 활용 방법

- **장기 투자 계획:** ISA는 최소 3년간 의무 가입기간이 있어, 이를 활용해 장기적인 투자 계획을 세울 수 있다. 장기 투자를 통해 시장의 변동성에 대응하면서 안정적인 자산 증식을 기대할 수 있다. 특히 3년 이상의 목적 자금을 마련하는데 유용하다.
- **배당 투자:** 배당주나 배당 ETF에 투자할 경우, ISA 계좌를 더욱 유용하게 활용할 수 있다. 배당소득에 대해 낮은 세율이 적용되므로, 정기적인 현금흐름을 원한다면 배당 투자전략을 고려해 볼 수 있다. 최근 연 6~7%의 배당을 매월 주는 펀드도 출시되었고, 매월 배당을 주는 ETF 등도 ISA 계좌에서 투자가 많이 이루어지고 있다.
- **중도인출 규정 이해:** ISA 계좌는 원금 범위 내에서 중도인출이 가능하지만, 수익을 먼저 인출할 경우에는 일반 세금이 부과된다. 중도인출을 고려한다면 최적의 시점을 계획해 보자.

- **세제 혜택 극대화:** ISA 계좌의 세액공제를 최대한 활용하기 위해서는, 가입 후 3년 이후에 해지하여, 만기해지일로부터 60일 이내에 연금저축계좌와 IRP로 이체해 최대 300만 원까지 세액공제를 받자. 이렇게 하면 연간 세액공제 한도 900만 원에 300만 원을 더해 최대 1,200만 원까지 세액공제를 받을 수 있다.

예를 들어 3년 동안 연 2,000만 원씩 불입하고 총 500만 원의 수익이 났다면, 수익 중 200만 원은 비과세, 나머지 300만 원은 9.9%(297,000원)로 분리과세 된다. 이렇게 되면 총자금은 6,470만 3,000원이 된다. 이중 연금저축계좌나 IRP로 이체한 납입금의 10%, 최대 300만 원까지 추가로 세액공제를 받는다. 세액공제 300만 원을 제외한 6,170만 3,000원은 연금으로 받아도, 일시금으로 인출해도 과세가 되지 않는다. ISA 계좌를 3년마다 해지하여 연금저축계좌 또는 IRP로 이전해 연금 자산을 키우자. 이는 노후 자금을 만드는 데 중요한 역할을 한다.

〈표 41〉 ISA 만기 자금을 연금저축계좌 또는 IRP로 이체하기

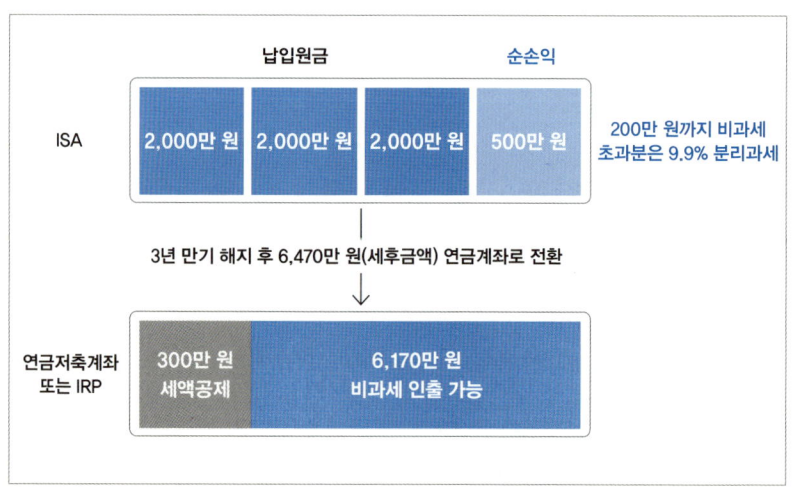

7장

퇴직연금과 연금계좌의 세금

연금계좌는 노후 자금을 효율적으로 관리하기 위한 주요 수단으로, 여러 종류의 세금을 고려해야 한다. 연금계좌는 납입단계에서 세액공제 혜택을 제공하며, 입금한 자금의 운용단계 수익이 얼마이건 세금은 연금으로 지급받을 때까지 유예된다. 그리고 연금계좌에서 연금으로 인출할 때는 5.5%~3.3%의 낮은 세율이 적용된다. 퇴직연금과 연금계좌의 납입단계에서 인출단계까지 발생하는 세금을 알아보자.

01
퇴직연금의
단계별 세금

1) 퇴직연금 납입단계의 세금

　퇴직연금 계좌에 입금되는 자금은 소득의 원천에 따라 사용자(회사)가 부담하는 법정부담금인 '사용자부담금'과 퇴직연금 가입자가 추가로 납입하는 '근로자납입금'으로 구분된다.

〈표 42〉 퇴직연금 납입단계의 세금

소득원천	과세방법
사용자부담금	과세이연
근로자납입금	최대 연 900만 원 세액공제

　사용자가 근로자퇴직보장법에 따라 지출하는 부담금은 전액 비용으로 인정받는 손금에 산입되며, 사용자부담금에서 발생하는 모든 세금은 과세이연되어 근로자가 연금계좌에서 인출 시까지 과세되지 않는다.

근로자는 연금계좌(IRP, DC, 연금저축, 연금저축계좌)에 연간 1,800만 원까지 추가 납입할 수 있다. 퇴직연금계좌(DC, IRP)의 세액공제 한도는 연간 900만 원인데, 연금저축이나 연금저축계좌와 합산하여 연 900만 원을 세액공제한다. 그러므로 연금저축이나 연금저축계좌의 적립금도 고려해야 한다.

2) 퇴직연금 운용단계의 세금

퇴직연금 계좌에서 발생되는 운용수익(사용자부담금과 근로자납입금의 운용수익 모두)에 대한 세금은 과세이연되어 연금계좌에서 인출할 때까지 미루어진다.

〈표 43〉 퇴직연금 운용단계의 세금

소득원천	과세방법
사용자부담금 운용수익	과세이연
근로자납입금 운용수익	과세이연

즉, 퇴직연금은 적립(불입) 및 운용단계에서 발생되는 모든 세금에 대해 과세이연을 받으며, 퇴직연금 수령단계에서 과세된다.

3) 퇴직연금 수령 시의 세금

① 퇴직소득세

퇴직소득은 근로자가 입사한 다음부터 퇴직할 때까지 장기간에 걸쳐 형성된 소득이다. 이런 특성을 무시하고 퇴직소득을 퇴직하는 해의 다른 소득과 합산하여 종합과세하면 소득세 부담이 커질 수밖에 없다. 그래서 퇴직소득은 양도소득처럼 다른 소득과 함께 합산하지 않고 분류해 과세한다.

퇴직소득에 소득세와 마찬가지로 누진세율(6~42%)을 적용한다면 장기근속자들에게 불리하다. 그래서 퇴직소득세를 산출할 때는 '연분 연승'이라는 별도의 계산 방식을 적용한다. '연분'은 퇴직금을 근속 기간으로 나눈다는 뜻이다. 이렇게 근속 기간으로 안분하면 상대적으로 낮은 소득세율을 적용받게 된다. 이렇게 1년분 퇴직소득세를 산출한 다음 근속기간을 곱해 최종 퇴직소득세를 구하는 것이 '연승'이다.

〈표 44〉 퇴직소득세 계산 방법

퇴직소득세는 퇴직금이 많을수록, 근속연수가 짧을수록 높아진다. 그런데 2023년 세법 개정으로 근속연수 공제가 확대되면서 장기근속자들의 퇴직소득세가 경감되었다. 근속연수가 30년, 퇴직급여가 3억 원일 경우 〈표 44〉를 참조하여 퇴직소득세를 산출해 보자.

① 퇴직소득: 3억 원

② 근속연수공제: 7,000만 원(근속연수에 따른 공제액)

③ 2억 3,000만 원(=①-②)

④ 환산배수: ×12년(세법상 공식)

⑤ 근속연수: 30년(근속연수 1년 미만은 1년으로 본다.)

⑥ 환산급여: 9,200만 원(=③×12(환산배수)÷근속연수 30년)

⑦ 환산급여공제액: 5,770만 원(차등공제율에 따른 금액 적용)

⑧ 과세표준: 3,430만 원(=⑥-⑦)

⑨ 과세금액: 388만 5,000원(=⑧의 과세표준에 기본세율 곱하기)

⑩ 근속연수 곱하기: 1억 1,655만 원(=⑨×30년)

⑪ 최종 산출 세액: 9,712,500원(=⑩÷환산배수 12)

※ 지방세 10% 별도

이 과정을 상술하면 〈표 45〉와 같다.

〈표 45〉 퇴직소득세 산출 과정(근속연수 30년, 퇴직급여 3억 원 가정)

순서	항목		계산 과정
①	퇴직소득	300,000,000	
②-	근속연수 공제	70,000,000	근속연수에 따른 공제액을 구한다. (근속연수가 20년 초과이므로) 4,000만 원+300만 원×(근속연수 30-20)=7,000만 원
③=		230,000,000	300,000,000-70,000,000 (①-②)
④×	×12(환산배수)	2,760,000,000	230,000,000 x 환산배수 12년(세법상 공식) (③×12) 퇴직소득은 일시소득이므로, 일반소득처럼 연간 단위의 누진세율을 적용하기 위해 연간소득으로 환산한다. 퇴직소득에서 근속연수 공제한 금액을 (1년치 근속기간으로 나누고, 연간소득기준으로 환산하기 위해) 12를 곱한다.
⑤÷	÷30(근속연수)	2,760,000,000÷30	④의 금액을 자신의 근속연수로 나눈 값이 환산급여이다. 근속연수 1년 미만은 1년으로 본다.
⑥=	환산급여	92,000,000	
⑦-	환산급여 차등공제액	57,700,000	환산급여에 차등공제율을 적용한 금액을 구한다. 8,000,000+70,000,000×60%+14,000,000×55% =57,700,000
⑧=	과세표준	34,300,000	환산급여-환산급여 차등공제액 (⑥-⑦)
⑨×	과세금액	3,885,000	⑧의 과세표준(34,300,000원)에 기본세율을 곱해 과세금액을 구한다. 1,400만 원 이하×6%+2,030만 원×15% =840,000+3,045,000=3,885,000
⑩×	×30(근속연수)	116,550,000	⑨의 금액에 자신의 근속연수를 곱한다. 3,885,000×30(년)
⑪÷	÷12(환산배수)	9,712,500	⑩÷12(환산배수)의 값이 최종 산출세액이다. (지방세 10% 별도)

퇴직금 중간정산은 퇴직소득 세액정산 특례를 활용하자

퇴직소득세는 장기근속할수록 공제받는 금액이 많아져 세금이 줄어든다. 하지만 퇴직금 중간정산을 받으면, 중간정산 다음 날부터 근속 연수가 다시 계산된다. 10년 차에 퇴직금 중간정산을 받았으면, 20년 차에 퇴직해도 근속연수는 10년이 되어 결과적으로 퇴직소득세가 상당히 높아질 수 있다.

중간정산(중도인출)을 한 적이 있다면, '퇴직소득 세액정산 특례'를 활용해 보자. 최종 퇴직 시 소득세 부담을 크게 덜 수 있다. 이 제도는 중간정산 받은 퇴직금과 최종 퇴직금을 합산해 전체 근속연수로 퇴직소득세를 산출하는 것이다. 과거 중간정산 시 납부한 세액이 퇴직소득세에서 차감되어, 실제로 내야 할 세금이 줄어든다.

〈표 46〉 중간정산과 퇴직소득 세액정산 특례

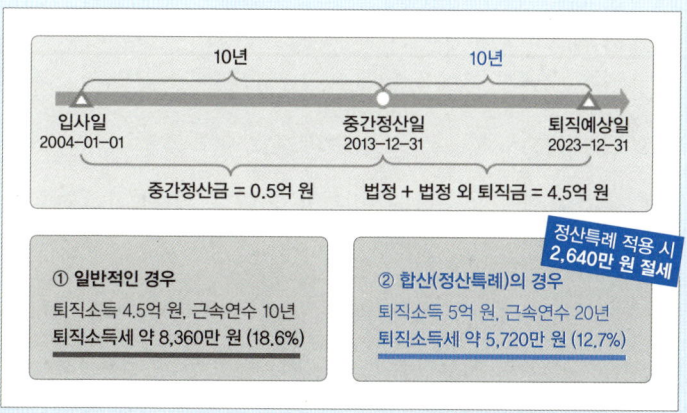

퇴직 시점에 회사에 중간정산 퇴직금과 최종 퇴직금의 합산을 요

청하면 된다. 이때 퇴직소득원천징수 영수증을 제출해야 하는데 퇴직하는 회사의 인사 부서나 퇴직연금을 관리하는 금융회사에서 받을 수 있다. 요즘은 국세청 홈택스에서도 발급이 가능하다. 다음과 같은 경우라면 퇴직소득 세액정산 특례를 신청할 수 있다.

① 직원으로 재직 중 중간정산 또는 DC에서 중도인출한 경우
② 직원이 임원으로 승진 시 받은 퇴직금
③ 비정규직 근로자의 정규직 전환 시 받은 퇴직금
④ 계열사 내 전출, 회사 간 합병, 분할, 사업양수도 등 현실적인 퇴직의 사유로 받았던 퇴직금
⑤ 상근 임원이 비상근 임원이 되어 퇴직금을 지급받은 경우

퇴직소득 세액정산 특례를 적용해 오히려 퇴직소득세가 늘어날 수도 있다. 그렇다면 기본 방식을 채택하자. 어느 쪽이건 세금이 적은 쪽을 선택할 수 있다.

퇴직 전 세액정산 특례를 신청하지 못했다면?
후속 조치로 세액정산 특례를 신청할 수 있다. 세액정산 특례 신청은 근로자가 퇴직소득세가 확정되기 전 회사에 신청해야 한다. 그러나 퇴직 후 뒤늦게 알았다면 퇴직일 기준 다음 해 5월 1일부터 5월 31일까지 관할 세무서에 확정신고를 하면 된다. 신분증과 공동인증서나 금융인증서를 지참하고 가면 세무서에서 친절하게 처리해 준다. 만약 이 시기도 놓쳤다면 5년 이내에 관할 세무서에 경정

청구를 하면 된다.

퇴직위로금(명예퇴직금)과 퇴직금은 어떻게 받아야 할까?
퇴직금은 법정퇴직금과 법정 외 퇴직금으로 구분된다. 퇴직위로금, 명예퇴직금은 법정 외 퇴직금이다. 법정퇴직금은 IRP로 받아 연금으로 수령한다. 법정 외 퇴직금을 일시에 찾고자 한다면 연령에 상관없이 IRP, 연금저축계좌, 일반계좌로 각각 수령할 수 있다.
55세 미만인 경우에 법정 외 퇴직금을 일시에 찾아서 활용하려면 법정퇴직금과 분리해서 부분 인출이 되는 일반계좌나 연금저축계좌로 받아야 한다. 법정 외 퇴직금도 IRP 계좌나 연금저축계좌로 받으면 과세이연이 되고, 55세 이후에는 일시금이나 연금으로 수령할 수 있다.

② 연금 외 수령 시 과세

퇴직연금의 수령단계에서 '연금 외 수령'이란 계좌에서 연금으로 수령하지 않고, 일시금 또는 중도인출 등으로 적립금을 인출하는 것이다.

퇴직연금 적립금을 연금으로 수령한다는 조건으로 납입단계 및 운용단계에서 세제 혜택을 받는 것이므로, 연금 외 수령을 하면 기존에 받은 세제 혜택에 준하는 불이익이 따른다. 적립금을 연금 외 수령하게 되면 다음과 같이 소득원천에 따라 다르게 과세된다.

① DC에 적립되는 사용자부담금과 사용자부담금에서 발생한 운용 수익에 대해서는 퇴직소득세가 과세된다. 퇴직소득세 세율은 운

용수익에 따라 달라진다.
② 근로자가 DC, IRP에 추가 납입한 금액 중 세액공제를 받지 않은 부분(연간 900만 원을 초과해서 납입한 경우)은 과세되지 않는다.
③ 근로자가 DC, IRP 추가 납입한 금액 중 세액공제를 받은 납입금과 추가납입으로 인해 발생하는 운용수익에 대해 기타소득세로 16.5%가 분리과세된다.
④ DC에서 법정 사유로 중도인출하는 경우는 사용자부담금과 운용수익에 대해 퇴직소득세로 과세된다.
⑤ DC, IRP에서 세액공제를 받기 위해 납입한 경우의 중도인출은 각각의 사유별로 다르게 과세된다.

- 무주택 가입자가 본인 명의 주택구입 시(계약일~등기일 이후 1개월 이내): 기타소득세로 16.5% 분리과세
- 무주택 가입자의 전세금 및 임차보증금 부담(하나의 사업장 1회 한) 시(계약일~잔금 지급일 이후 1개월 이내): 기타소득세 16.5% 분리과세
- 신청일 역산 5년 이내의 파산 및 개인회생 결정(선고 또는 결정일로부터 5년 이내)

  사유발생일로부터 6개월 이내: 연금소득세 5.5%~3.3%,

  사유발생일로부터 6개월 초과 시: 기타소득세 16.5% 분리과세
- 가입자 또는 부양가족의 6개월 이상의 요양으로 가입자 임금 총액의 12.5% 초과 의료비지출(요양사유 확인일~종료일로부터 1개월 이내)

  200만 원+휴업 월당 150만 원 한도: 연금소득세 5.5%~3.3%

  한도 초과금액에 대해서는 기타소득세 16.5% 분리과세
- 재난 및 안전관리 기본법에 따른 재난으로 피해(사회재난-특별

재난지역 선포 후 6개월 이내, 자연 재난-피해일 또는 의료 종료일로부터 3개월 이내), 사회재난 중 특별재난 지역으로 선포된 지역의 재난으로 15일 이상 입원요건 충족: 위의 6개월 이상 요양과 동일함.

그 외 재난 피해의 경우: 기타소득세 16.5% 분리과세

③ 연금으로 수령 시 과세

퇴직연금이 주는 혜택을 누리기 위해서는 적립금을 연금으로 수령해야 한다. 적립금을 연금으로 수령할 때는 반드시 DC에서 IRP 계좌로 입금되어야 한다.

IRP 계좌에서 퇴직연금 수령 시 인출순서는 ① 세액공제를 받지 않은 금액 ② 사용자부담금 및 사용자부담금에서 발생한 운용수익 ③ 세액공제 받은 납입금과 IRP 계좌에서 발생한 운용수익 순이다.

가입자가 DC, IRP에 추가 납입한 금액 중 세액공제를 받지 않은 금액은 과세되지 않는다.

DC의 사용자부담금과 여기서 발생한 운용수익은 연금소득세가 적용되어 퇴직소득세의 60~70%를 납부하면 된다. 퇴직연금의 실제 수령 기간으로 10년간은 퇴직소득세의 30% 감면 혜택이 있으며, 10년 초과 수령 시에는 40% 감면 혜택이 있다. 따라서 퇴직연금의 수령은 적은 금액으로 일찍 시작하는 것이 좋다.

가입자가 DC, IRP에 추가 납입한 금액과 운용수익, 그리고 IRP 계좌에서 발생한 운용수익에 대해서는 5.5%~3.3%의 연금소득세가 적용된다. 연간 수령 금액이 1,500만 원을 초과하면 종합과세 또는 분리과세를 선택할 수 있는데 이때 분리과세 세율은 16.5%이다.

〈표 47〉 퇴직연금 수령 연령에 따른 연금소득세

연금수령 해당 연령	적용세율
70세 미만	5.5%
70세 이상 80세 미만	4.4%
80세 이상	3.3%

퇴직연금 수령 방법에 따른 과세 방법을 정리하면 다음과 같다.

〈표 48〉 퇴직연금 수령 방식에 따른 과세 방법

과세 방법 소득원천	연금 외 수령 (중도인출 / 일시금 수령 등)	연금으로 수령
세액공제 받지 않은 납입금	과세제외(이중과세 방지)	과세제외(이중과세 방지)
사용자부담금, 운용수익	퇴직소득세	연금소득세(소득세의 60~70% 분리과세)
세액공제 받은 납입금, 운용수익	기타소득세(16.5% 분리과세)	연금소득세(1,500만 원 이하 시 선택적 분리과세 / 연 1,500만 원 초과 시 전액 종합과세 또는 분리과세(16.5%) 중 선택)

④ 퇴직연금의 수령연차와 세금

퇴직연금 수령연차

퇴직연금 수령연차는 퇴직연금을 수령하기 시작한 연도부터 경과된 기간을 의미한다. 즉, 처음으로 연금을 수령한 시점을 기준으로 하여 매년 하나씩 늘어나는 개념이며, 이는 세액 혜택이나 수령 금액에 직접적인 영향을 미칠 수 있다.

〈표 49〉 퇴직연금 수령연차

예를 들어 2025년 퇴직한 퇴직자의 퇴직연금 적립금이 2억 원인데, 목적자금으로 5,000만 원을 인출하고자 한다면 퇴직소득세는 얼마일까? 〈표 49〉의 산식을 통해 보자.

퇴직연금 가입일자가 2013년 3월 1일 이후라면

$$\frac{200{,}000{,}000 \times 120\%}{(11-1)} = 24{,}000{,}000$$

즉 2,400만 원까지는 퇴직소득세의 70%가 적용되고(30% 감면) 나머지 2,600만 원은 퇴직소득세 100%를 내고 인출해야 한다.

퇴직연금 가입일자가 2013년 2월 28일 이전이라면

$$\frac{200{,}000{,}000 \times 120\%}{(11-6)} = 48{,}000{,}000$$

4,800만 원까지 퇴직소득세 70%를 적용받을 수 있다. 인출하려는

5,000만 원 대부분에 감면 혜택을 받을 수 있는 것이다.

퇴직연금 개시와 수령은 언제부터 해야 할까?

퇴직연금은 만 55세부터 수령할 수 있으며, 일시금 또는 연금 형태로 선택할 수 있는데, 선택에 따라 세금 혜택이나 장기적인 재정 계획에 크게 영향을 미칠 수 있다.

첫째, 퇴직연금을 일시금으로 수령하면 전액 퇴직소득세가 부과되지만 연금 형태로 수령하면 세금 측면에서 유리하다. 최초 10년간 수령 시 퇴직소득세의 70%만 적용되고(30% 감면), 이후에는 60% 적용(40% 감면)으로 세금이 줄어든다.

〈표 50〉 퇴직소득세 40% 감면의 조건

매년 1회 이상 연금으로 인출한 누적 연차가 10년을 초과해야 퇴직소득세 40%가 감면된다!

구분	연금 실제 수령연차* 1년~10년	연금 실제 수령연차** 11년부터
연금수령 (연금수령 한도 내)	퇴직소득세 30% 감면	퇴직소득세 40% 감면

*연금 실제 수령연차는 연금 개시 후 연 1회 이상 인출한 연차를 누적 합산
**연금 실제 수령연차 ≠ 연금수령연차 [주의!]

퇴직금을 한 번에 전액 수령하는 경우에도 퇴직소득세를 줄일 수 있다. 퇴직금을 IRP 계좌로 입금하고 일단 연금개시를 한 뒤, 일시금으로 인출하면 된다. 연금개시를 한 그해에 일시금을 인출해도 퇴직연금 수령 연차에 의해 1/10 또는 1/5만큼 퇴직소득세 70%를 적용받을 수 있다.

둘째, 퇴직 후 소득 공백을 고려하자. 퇴직 후 국민연금 수령 전까지 소득이 끊기는 경우가 많다. 이 기간에 생활비를 어떻게 마련할지 계획이 필요하다. 퇴직연금을 연금으로 수령하되, 국민연금을 수령하기 전까지

매월 인출하는 연금액을 높게 유지하다가 국민연금 수령이 시작되면 낮추는 방법도 있다.

셋째, 재취업을 하거나 여유자금이 충분해 퇴직연금을 수령할 필요가 없을 수도 있다. 이럴 경우라도 퇴직연금은 퇴직 후 바로 수령하는 것이 세제 혜택에 유리하다. 연금의 실제수령연차 1~10년까지는 퇴직소득세의 70%가 적용되고, 11년부터는 퇴직소득세의 60%가 적용된다. 연금 실제수령연차는 '연금 개시 후 연 1회 이상의 실질 인출'이 있어야 한다. 따라서 퇴직 후 바로 연금개시와 함께 연 1만 원 이상 연금 수령을 하는 것이 좋다.

02

연금저축과 세금

 연금계좌란 DC, IRP, 연금저축, 연금저축계좌를 포함해서 연간 1,800만 원 한도로 개인이 추가 납입할 수 있는 계좌를 말한다. 이렇게 추가 납부한 자금의 과세 체계는 납입, 운용, 수령 단계에 따라 다르다. 여기서는 연금저축계좌(연금저축 포함)의 과세 체계를 보자.

⟨표51⟩ 연금저축계좌(연금저축 포함)의 과세 체계

납입 연말정산 세액공제	운용 운용수익 과세이연	수령 연금 수령 시 저율과세
납입한도 연금저축계좌 + IRP, DC 합산 1,800만 원 **세액공제** 연금저축계좌 + IRP, DC 합산 납입액(900만 원 한도)×공제율*	운용수익에 대해 세금 징수 안 함 [세금 없이 재투자]	**연금으로 수령** 5.5%~3.3% 저율과세 단, 연 1,500만 원 초과 수령 시 전액 종합과세 또는 분리 과세(16.5%) 중 선택 **연금 외 수령** 16.5% 기타소득세 과세

* 총급여에 따라 13.2% 또는 16.5%   * 5년 가입 & 만 55세 이상일 경우

1) 연금계좌 납입단계의 세금

연금저축계좌에 추가납입하는 금액은, 소득에 따라 연간 최대 600만 원까지(IRP와 DC 추가납입 합산 900만 원까지) 세액공제를 받을 수 있다.

소득이 연간 5,500만 원(종합소득 4,500만 원) 이하일 경우 최대 16.5%의 세액공제를 받을 수 있으며, 연간 소득이 5,500만 원 초과(종합소득 4,500만 원 초과)인 경우는 13.2%의 세액공제를 받는다. 따라서 연금저축계좌에 600만 원과 IRP 계좌나 DC에 300만 원을 추가납입하거나, IRP 계좌나 DC 계좌에 단독으로 900만 원을 추가납입하면 소득에 따라 148만 5,000원~118만 8,000원을 환급받을 수 있다.

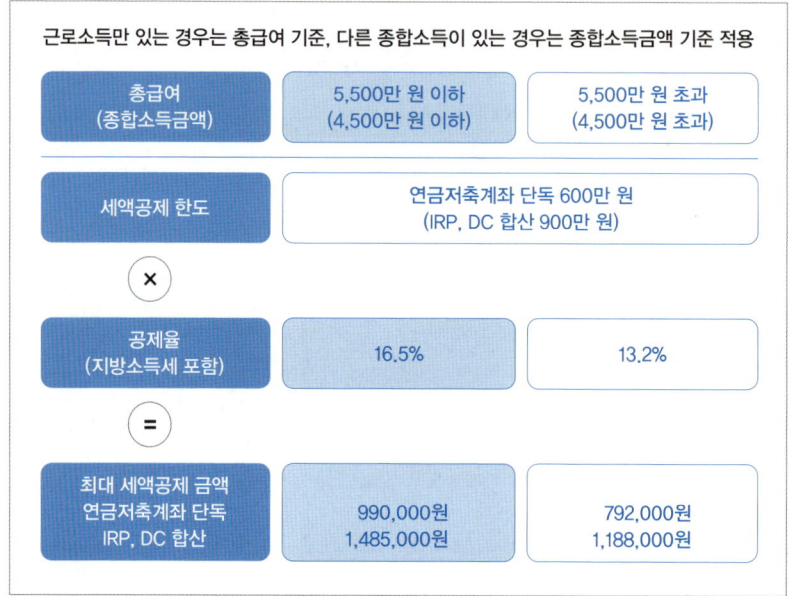

〈표 52〉 연금계좌 납입단계의 세금

2) 연금계좌 운용단계의 세금

　연금계좌에서 발생하는 이자 및 운용수익은 세금이 연금 인출 시기로 이연된다. 운용 중 이자와 배당, 매매차익 등 수익에 대한 세금을 납부하지 않고 재투자가 되기 때문에 장기적으로 복리 효과를 누릴 수 있다.

　과세이연되는 연금계좌가 아닌 일반계좌에서 국내 상장된 해외 주식형 펀드, 국내상장 해외 주식형 ETF, 리츠, 국내외 채권형 펀드에 투자하여 수익이 발생하면, 해마다 그 수익에 대하여 15.4%가 과세되며, 또한 그 수익이 2,000만 원을 초과하면 금융소득종합과세가 과세된다. 그러나 연금계좌에서는 국내 상장된 해외 주식형 펀드나 ETF, 리츠 등에 투자하여 수익이 발생하면 바로 과세하지 않고, 연금으로 수령할 때 저율로 과세한다.

<표 53> 연금계좌 운용단계의 세금

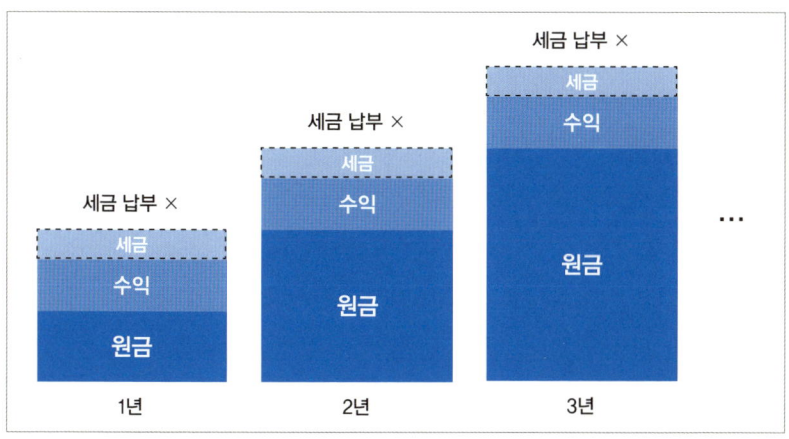

3) 연금계좌 수령단계의 세금

연금계좌는 가입 후 5년이 지나고 만 55세가 지나면 연금 수령이 가능하다.

연금의 인출은 ① 과세제외 금액(세액공제 받지 않은 금액) ② 그 외 재원(운용수익 + 세액공제 받은 금액)의 순서로 이루어진다.

<표 54> 퇴직연금 수령 방식에 따른 과세 방법

	세액공제 받지 않은 납입금	운용수익 + 세액공제 받은 납입금
연금으로 수령	과세 제외	연금소득세 – 연간 1,500만 원 이하 시 : 5.5%~3.3% 분리과세 – 연간 1,500만 원 초과 시: 전액 종합과세 또는 분리과세(16.5%) 중 선택
연금 외 수령		기타소득세 세율 16.5% & 분리과세

연금저축계좌(연금저축 포함)에 납입 시 연간 600만 원을 초과해서 납입한 금액에 대해서는 수령 시 과세가 제외된다. 연간 600만 원의 세액공제를 받은 납입한 원금과 연금저축계좌(연금저축 포함)에서 발생한 전체 운용수익에 대해서는 저율의 연금소득세가 적용되며, 세율은 가입자의 나이에 따라 다르게 설정된다.

만 55세에서 69세까지: 5.5%

만 70세에서 79세까지: 4.4%

만 80세 이상: 3.3%

이 외에 퇴직연금 IRP, DC에서 세액공제 받은 부분과 그 계좌에서 발생한 운용수익을 재원으로 받는 연금 수령액은, 연금저축계좌(연금저축 포함)에서 받는 연금 수령 금액을 합산해 연간 1,500만 원을 초과하면 전액 종합과세 또는 분리과세(16.5%) 중 선택을 해야 한다.

중도인출과 초과 인출 시의 기타소득세

연금저축계좌 및 IRP 등 연금계좌에서 중도인출이나 연금 수령 한도를 초과하여 인출할 경우, 해당 금액은 기타소득세(16.5%)가 부과된다. 이는 수익이 아닌 납입금에 대해서도 적용된다. 따라서 중도인출이나 해지를 고려할 때 주의해야 한다.

03

연금계좌의 인출 한도와 연금 수령연차

연금 수령연차는 가입자가 연금을 수령할 수 있는 시점과 그에 따른 조건을 의미한다. 실제로 연금을 수령하지 않더라도 나이와 연금계좌 가입일 조건만 맞는다면 그해부터 연금 수령연차가 기산된다(실제로 연금을 인출한 기간의 누적을 뜻하는 '실제수령연차'와는 다른 개념). 연금 수령연차는 연금의 수령 방식 및 세금 혜택에 큰 영향을 미치는 요소이다.

연금계좌를 통해 연금을 수령하기 위해서는 2가지 조건이 충족되어야 한다.

① 만 55세 이상이어야 한다
② 가입기간이 5년 이상이어야 한다(2013. 3 이전 가입자는 10년 이상).

연금 수령 요건이 된다 해도, 저율 과세로 인출할 수 있는 금액에는 한도가 있다. 연금 수령연차는 연금계좌에서 목돈으로 인출할 때 저율의 연금소득세로 인출할 수 있는 한도를 정한다. 이 한도에 따른 연간 최대 수령 가능액을 구하는 식은 다음과 같다.

$$\text{연간 최대 수령 가능액(연금수령한도)} = \frac{\text{연금계좌의 평가액}}{(11 - \text{연금수령연차})} \times 120\%$$

연금은 연금수령요건 충족한 때부터 10년 이상 분할하여 수령해야 한다. 단, **2013. 3. 1 전**에 연금계좌에 가입한 경우(DB/ DC 이전 포함) 연금수령연차 **6년차**를 적용해, 5년 이상 수령해야 한다.

예를 들어, 2015년에 가입한 연금저축계좌에 1억 원이 있는데 55세에 연금소득세로 인출할 수 있는 금액을 산출해 보면 다음과 같다.

$$\frac{100{,}000{,}000원 \times 120\%}{(11-1)} = 12{,}000{,}000원$$

만약 연금 개시 후 목돈으로 1,200만 원 이하를 인출한다면 1,200만 원은 저율의 연금소득세로 5.5%가 과세된다. 그러나 1,200만 원을 초과하는 금액에 대해서는 기타소득세 16.5%가 과세된다.

연금으로 수령하는 금액이 연간 1,500만 원을 초과할 경우 전체 수령 금액에 대해 16.5%의 분리과세 또는 종합과세를 선택할 수 있다. 따라서 연금을 부득이 목돈으로 인출할 때는 연금 수령연차를 반드시 계산해 보아야 한다.

8장

평생 월급통장 만들기

2024년에 보험개발원에서 발표한 남성의 평균수명은 86.3세, 여성의 평균수명은 90.7세였다. 향후 30~40년 은퇴 생활을 한다면, 몇 세까지 은퇴 생활비를 준비해야 할까? 100세까지 준비한다면 좋겠지만, 남성은 최소 90세, 여성은 최소 95세까지 은퇴 생활비를 준비해야 한다. 퇴직 이후에 어떤 소득으로 은퇴 생활비를 마련할 것인지 은퇴 전에 반드시 점검해야 할 항목이다. 자신의 소득에는 어떤 것이 있는지, 생애주기(연령)에 따라 소득이 얼마일지 점검하면서 각자 자신의 은퇴 후 예상 현금흐름표를 구성해 보자. 그리고 연금 수령액이나 절세 측면에서 유리하도록 각 소득별 인출전략을 세워보자.

<표 55> 은퇴 후 예상 현금흐름(세후)

단위: 만 원

소득의 종류		현재	55세	60세	65세	70세	75세	80세	85세	90세	100세
근로소득	월급, 상여금 등										
사업소득	부동산임대소득										
	부동산임대소득 외										
연금소득	본인 공적연금 (년 생)										
	배우자 공적연금 (년 생)										
	퇴직연금										
	연금저축계좌										
	비과세 개인연금										
금융소득	이자소득										
	배당소득										
기타소득	주택연금										
	실업급여										
월 수령액											
물가상승률 2% 반영한 필요자금											
부족한 연금액											

※참고
국민연금: 종신지급형으로 매년 물가상승률만큼 연금액이 인상됨(2021년 0.5%, 2022년 2.5%, 2023년 5.1%, 2024년 3.6%, 2025년 2.3% 인상), 최근 5년 평균 2.8%
근로소득: 퇴직 이후에 노인일자리 등을 통한 근로소득
사업소득: 부동산 임대소득, 개인 사업소득 등
공적연금: 국민연금, 공무원연금, 사학연금, 군인연금 등
퇴직연금: 퇴직금을 연금 형태로 수령하는 것
개인연금: 개인이 별도로 납입하여 준비한 연금
금융소득: 은행의 예금이자와 증권에서 발생하는 배당소득
주택연금: 주택연금을 신청할 경우, 수령할 수 있는 연금
실업급여: 실직상태일 때 최대 9개월간 수령할 수 있음

01

국민연금 수령 시기 선택과 안심통장 활용

은퇴자는 먼저 국민연금 수령 시기를 결정해야 한다. 즉, ① 시기를 당겨 조기노령연금을 신청할 것인지 ② 국민연금 개시연령까지 기다렸다가 노령연금으로 수령할 것인지 ③ 시기를 늦춰 연기연금으로 수령할 것인지 자신의 상황에 맞춰 결정해야 한다.

주의할 것은 조기노령연금은 제 시기에 받은 노령연금(국민연금)보다 지급액이 적다는 점이다. 그러므로 조기노령연금을 신청하기 전에 반드시 아래 사항을 확인하여야 한다.

첫째, 조기노령연금 신청은 1년마다 노령연금의 6%씩 감액된 연금을 수령하게 된다.

둘째, 국민연금 세금 공제 전 수령액이 연간 2,000만 원을 초과하면 건강보험 피부양자에서 탈락한다.

셋째, 본인 명의 부동산 과세표준이 5억 4,000만 원을 초과하는 은퇴자는 국민연금 세금 공제 전 수령액이 연간 1,000만 원을 초과하면 건강보험 피부양자에서 탈락한다.

단, 조기노령연금은 소득이 있는 업무 (시행령 제45조)에 해당되면 신청할 수 없다.

 더 알아보기

연금수급자의 '소득이 있는 업무'란

사업장 근로자와 사업자등록자 구분 없이 소득세법 규정에 따른 사업소득금액, 근로소득금액을 합산한 금액을 당해연도 종사 개월 수로 나눈 금액이 전년도 연말 기준으로 산정된 연금수급 전 3년간의 전체 가입자의 평균소득월액의 평균액(2025년의 경우 월 3,089,062원)보다 많은 경우 '소득이 있는 업무'에 종사하는 것으로 본다.

월평균 소득금액: (근로소득금액+사업소득금액)÷종사 개월 수
근로소득금액=총급여-근로소득공제액
사업소득금액=총수입금액-필요경비
※ 종사 개월 수: 해당 연도 사업소득금액과 근로소득금액을 기준으로 해당 연도 1월부터 12월까지 기간 중 소득 활동에 종사한 기간

국민연금 지급을 신청하려면 ① 신분증 ② 가족관계증명서 ③ 입금받을 통장을 준비해 가까운 국민연금공단 지사를 방문하면 된다.

안심통장 활용하기

국민연금은 노후생활의 기본적 수단으로 국가에서 보장하는 공적연금으로, 이를 받을 권리를 압류하거나 담보로 제공할 수 없다(국민연금법 제58조 수급권 보호). 이러한 권리를 보장하기 위해 '국민연금 안심통장'을 개설할 수 있다. 국민연금 안심통장은 국민연금공단에서 지급하는 연

금만 입금이 가능한 계좌로, 압류로부터 원천적으로 보호된다. 단, 현재 수급권 보호금액인 월 185만 원까지만 입금될 수 있다(잔액은 제한 없이 유지된다). 185만 원을 넘는 초과금액은 별도의 일반계좌로 분리하여 수령을 해야 한다.

안심통장을 개설할 수 있는 금융기관
신한은행, KB국민은행, KEB하나은행, 우리은행, IBK기업은행, 우체국, NH농협은행, 단위농협, SC제일은행, KDB산업은행, 한국씨티은행, 수협중앙회, DGB대구은행, 부산은행, 광주은행, 제주은행, 전북은행, 경남은행, 새마을금고, 저축은행중앙회, 신협, 산림조합중앙회

02

퇴직연금 수령 방법

연금 인출 시 세율을 고려하자

퇴직연금은 자금의 원천에 따라서 3가지로 구분할 수 있다. ① 법정퇴직금과 법정 외 퇴직금(특별위로금 등) ② 연말정산을 위해 개인이 추가로 납입한 자금 ③ 연금계좌에서 발생한 운용수익이다. 자금의 원천에 따라 연금으로 인출할 때 세율이 다르게 적용된다.

법정퇴직금과 법정 외 퇴직금은 합산해 퇴직소득세를 계산한다. 특별위로금 등 법정 외 퇴직금에 대해 세액정산 특례제도를 활용하면 퇴직소득세 급증을 막을 수 있다(▶7장 퇴직연금과 연금계좌의 세금).

연금 수령 시 퇴직소득세를 40% 감면받기 위해서는 퇴직 후 & 55세 이후부터 매년 1회 이상 연금 수령이 필요하다. 퇴직연금 실제수령연차 11년 차 이후 퇴직소득세를 60%로 적용받기 때문이다. 대부분의 금융기관에서 1만 원 이상 인출이 가능하도록 전산 요건이 설정되어 있으니 적극 활용하자. 퇴직연금 실제수령연차에 따른 연금소득세율은 〈표 56〉과 같다.

〈표 56〉 [법정퇴직금+법정 외 퇴직금]을 재원으로 연금 수령 시 적용되는 세율

연금 실제수령연차	1~10년 차까지	11년 차 이후
연금소득세율	퇴직소득세율의 70% 적용	퇴직소득세율의 60% 적용

퇴직일까지 DC 계좌에서 발생한 운용수익은 퇴직금에 포함된다. 따라서, 연금계좌에서 발생한 운용수익은 퇴직일 이후에 발생한 운용수익을 의미하며, 연금저축계좌에서 발생한 운용수익과 합산하여 연간 1,500만 원이 초과하는지 판단한다. 금액에 따른 연금소득세율은 〈표 57〉과 같다.

〈표 57〉 [개인 추가납입분+연금계좌 운용수익]을 재원으로
연금 수령 시 적용되는 세율

연금수령액	연간 1,500만 원 이하 수령 시	연간 1,500만 원 초과 수령 시
연금소득세율	55세 이상~70세 미만: 5.5% 70세 이상~80세 미만: 4.4% 종신형으로 연금 수령 시 55세 이상~80세 미만: 4.4% 80세 이상: 3.3%	전체 수령액에 대해서 16.5%

연말정산에서 세액공제를 받은 개인의 추가납입분과 연금계좌에서 발생한 운용수익은 연간 1,500만 원을 초과하면 전체 연금 수령액의 16.5%를 과세하므로 금융기관의 전산에서 '과세제한 설정' 옵션을 등록해 놓는 것이 좋다.

확정형으로 수령하는 방법

 퇴직연금을 수령하는 방법은 크게 종신형 연금으로 수령하는 방법과 확정형으로 수령하는 방법이 있다. 종신형 연금은 퇴직연금을 생명보험회사에서 수령할 경우에만 선택할 수 있으며, 개인연금 수령 방식과 동일하다. 여기서는 확정형 연금에 대해서 알아보자.

 확정형 연금은 기간을 확정하는 방법과 금액을 확정하는 방법으로 구분된다.
 기간을 확정하는 방법은 연금 수령 기간을 10년, 20년, 30년 등으로 설정하는 방법이다. 10년 기간확정형으로 연금 수령을 할 경우 1차 월에는 총평가액을 1/120로 나누어 지급하고, 2차 월에는 1/119로 나누어 지급한다. 기간확정형으로 연금을 수령할 경우 매월 입금되는 금액이 금리나 수익률에 따라서 조금씩 변동될 수 있다.
 금액을 확정하는 방법은 연금 수령 금액을 세전 100만 원, 200만 원, 300만 원 등과 같이 설정하는 방법이다. 세전 100만 원 금액확정형으로 연금 수령을 할 경우, 매월 동일한 연금액이 지급되는 반면, 수령 기간은 동일한 퇴직금으로 연금개시를 하더라도 수익률에 따라서 차이가 발생할 수 있다.
 만 55세가 넘은 퇴직자는 언제든지 연금개시를 할 수 있고, 연금 수령을 중지할 수도 있다. 연금으로 수령하다가 목돈이 필요할 경우 연금 수령을 일시정지한 후 목돈을 인출하고 나머지 금액으로 다시 연금 수령 조건을 설정할 수 있다. 그런데 당장 퇴직금이 생활비로 필요하지 않더라도 퇴직 후 & 55세 이후 연 1회 1만 원 이상 반드시 인출하는 것이 좋다. 연금 실제수령연차 11년 차부터 퇴직소득세가 40% 감면되어 60% 세율로 적용되기 때문이다. 특히, 법정 외 퇴직금을 수령한 경우에는 법정퇴직금만 수령한 경우보다 퇴직소득세율이 월등히 높으므로 퇴직금 인출 시에 절세전략을 미리 검토해야 한다.

예를 들면 30년 근속하고 법정퇴직금 3억 원을 받고 퇴직한 김 부장은 퇴직소득세율이 3.616%(지방소득세 포함)이다. 그런데 30년을 근무하고 법정퇴직금 3억 원과 법정 외 퇴직금(명예퇴직금) 3억 원을 합산하여 총 6억 원을 받은 박 부장은 퇴직소득세율이 8.949%(지방소득세 포함)이다.

55세 이후에 퇴직연금을 연금으로 수령 시, 김 부장은 10년간 퇴직소득세 3.616%에서 30%를 감면받고, 실제수령연차 11년 차부터 3.616%에서 40%를 감면받는다. 반면, 박 부장은 10년간 퇴직소득세 8.949%에서 30%를 감면받고, 실제수령연차 11년 차부터 8.949%에서 40%를 감면받게 되는 것이다.

03
개인연금
수령 방법

　개인연금에는 연금 납입 시 연말정산에서 세금혜택이 있는 세제적격연금과, 연금 납입 시에는 세금혜택이 없으나 수령 시에 비과세 혜택이 있는 세제비적격연금으로 구분해 볼 수 있다.

　세제적격연금에는 개인연금저축(=구) 개인연금, 1994~2000)과 연금저축(2001~2013. 2), 연금저축계좌(2013. 3~현재) 등이 있다. 세제비적격연금에는 연금보험, 변액연금보험 등이 있다(▶5장 연금계좌).

세제적격 연금: 개인연금저축(=구) 개인연금)

　개인연금저축은 1994. 6~2000. 12까지 가입했던 금융상품으로 흔히 구) 개인연금으로 불린다. 55세 이후에 5년 이상으로 연금을 수령하면 연간 연금액이 얼마이건 전액 비과세가 가능하다. 개인연금저축을 가입한 금융기관에 따라 신탁(은행), 펀드(투신사), 보험(보험사)으로 부른다.

구) 개인연금 중 생명보험회사에서 가입한 보험이라면 종신형 연금으로 수령이 가능하다. 이 경우 특히 종신형 연금으로 수령할 것을 추천한다. 종신형 연금은 가입 시점의 경험생명표와 최저보증이율을 반영하여 연금액을 산정하기 때문에 가입자에게 유리하다. 손해보험회사에 가입한 경우에도 최저보증이율이 4% 이상인 경우가 많으므로, 수령 기간을 20년, 30년처럼 길게 수령하는 것도 좋은 방법이다.

투신사(증권사)에서 가입한 개인연금펀드는 주식형, 채권형, 혼합형 형태 중 가입자가 하나의 펀드만을 선택해 운용한다. 그러므로 시장상황에 따라 펀드를 변경해 리스크관리를 해야 한다.

세제적격 연금: 연금저축 및 연금저축계좌(2001~현재)

2001. 1. 1 이후에 가입한 개인연금으로 연말정산 시 세제 혜택을 받았다면, 연금 수령 시 연금소득세를 원천징수한다.

세제 혜택을 받지 않은 추가납입 원금은 과세제외된다. 그러나 모든 운용수익에 대해서는 연금소득세가 징수된다. 최근에는 금융기관에서 세제 혜택을 받지 않은 납입 원금이 얼마인지 확인할 수 있는 서비스를 제공하고 있다.

〈표 58〉 [연말정산에서 공제받은 개인 납입분+연금계좌 운용수익]을 재원으로 연금 수령 시 적용되는 세율

연금수령액	연간 1,500만 원 이하 수령 시	연간 1,500만 원 초과 수령 시
연금소득세율	55세 이상~70세 미만: 5.5% 70세 이상~80세 미만: 4.4% 종신형으로 연금 수령 시 55세 이상~80세 미만: 4.4% 80세 이상: 3.3%	전체 수령액에 대해서 16.5%

개인연금을 수령하는 방식은 크게 확정형(기간확정형/ 금액확정형), 종신형, 상속형으로 구분할 수 있다.

기간을 확정하는 방식은 연금 수령 기간을 10년, 20년, 30년 등과 같이 설정하는 방법이다. 10년 기간확정형으로 연금 수령을 할 경우 1차 월에는 총평가액을 1/120로 나누어 지급하고, 2차 월에는 1/119로 나누어 지급한다. 기간확정형으로 연금을 수령할 경우에는 매월 입금되는 금액이 금리나 수익률에 따라서 조금씩 변동될 수 있다.

금액을 확정하는 방식은 연금 수령 금액을 세전 100만 원, 200만 원, 300만 원 등과 같이 설정하는 방법이다. 세전 100만 원을 금액확정형으로 연금 수령을 할 경우 매월 동일한 연금액이 지급되는 반면, 수령 기간은 동일한 연금적립금으로 연금개시를 하더라도 수익률에 따라서 차이가 발생할 수 있다.

종신형은 생명보험사에 개인연금을 가입한 경우에만 선택할 수 있는 연금 수령 방식으로, 피보험자가 사망할 때까지 연금 수령이 가능하다. 종신형 연금은 가입 시점의 경험생명표와 적용금리(공시이율 및 최저보증이율)에 따라서 연금액이 결정되며 연금 수령 중에 해지를 하거나 연금 수령 방법을 변경하는 것이 불가능하다.

상속형은 생명보험사에 개인연금을 가입한 경우에만 선택할 수 있는 연금 수령 방식이다. 연금적립금에서 발생한 이자만 연금으로 수령하고 납입한 원금은 만기 또는 피보험자 사망 시에 수령하는 방식이다.

세제비적격 연금(연금보험, 변액연금보험)의 비과세 한도

개인연금을 생명보험회사의 연금보험이나 변액연금보험에 가입했다면 납입할 때는 세제 혜택이 없다. 그러나 일정 조건을 충족하면 연금 수령 시 또는 일시금으로 수령할 경우에도 전액 비과세 혜택을 받을 수 있다.

〈표 59〉 세제비적격 연금의 비과세 요건

가입연도	2013. 2. 15 이전	2013. 2. 15 ~ 2017. 3. 31	2017. 4. 1 이후
일시납	한도제한 없음	계약자 기준 2억 원까지 비과세	계약자 기준 1억 원까지 비과세
5년 이상 적립식	한도제한 없음	한도제한 없음	연간 1,800만 원까지 비과세 (월 150만 원)

※ 공통사항: 납입기간 포함하여 10년을 유지할 경우에 전액 비과세 혜택이 가능함

우리나라 이자소득세는 15.4%이다. 그러나 연금보험이나 변액연금보험에 가입했다면 〈표 59〉에서 보듯 가입기간에 따라서 비과세 혜택을 받을 수 있다. 2010년에 매월 50만 원을 10년간 납입하는 조건으로 연금보험에 가입했다면 2013. 2. 15 이전 세법이 적용되어 2010년 연금보험 가입 건에 대하여 비과세가 적용됨은 물론이고, 2017. 4. 1 이후에 추가로 5년 이상 적립식 월 150만 원과 일시납 1억 원까지 비과세 한도를 사용해 새로운 상품에 가입할 수도 있다.

04 금융소득으로 만드는 현금흐름

　금융소득은 예·적금이나 채권에서 발생하는 이자소득, 주식과 ETF 등에서 발생하는 배당소득으로 구분할 수 있다.
　은퇴 이후에 금융소득이 많으면 좋겠지만 절세전략에도 신경을 써야 한다. 금융소득이 연간 2,000만 원을 초과하면 초과된 금액에 대해서 종합소득신고 대상이 된다. 특히, 지역건강보험 가입자의 경우에는 금융소득이 연간 1,000만 원을 초과하지 않도록 주의해야 한다. 연간 금융소득이 1,000만 원을 초과하면 초과한 금액이 아니라 금융소득 1원 이상 '전체' 금융소득이 소득으로 인정되어 지역건강보험료가 인상되기 때문이다. 다행인 것은 부부의 금융소득을 합산하여 계산하지 않고 개인별로 금융소득을 파악한다. 부부 간 증여 한도(10년마다 6억 원)를 활용하여 예금주 명의를 분산하면 금융소득을 관리하기가 용이하다.
　은퇴 이후에는 금융자산으로 현금흐름을 만드는 것은 매우 중요하다.

여기서는 절세계좌를 활용하는 방법과 배당이 가능한 상품을 활용하여 현금흐름을 만드는 전략을 소개한다.

1) 절세계좌를 활용하는 방법

금융소득에 대해 다른 소득과 합산하여 과세하지 않는 비과세 또는 분리과세하는 절세계좌는 아래와 같다. 여기서 발생하는 금융소득은 지역건강보험료에 영향을 미치지 않는다.

- **저축성보험의 비과세 한도:** 2013. 2. 15 이후에 일시납 저축성보험에 가입하지 않았다면 현재 1억 원의 비과세 한도가 가능하다. 2017. 4. 1 이후에 5년 이상 적립식으로 가입한 저축성보험이 없다면 연간 1,800만 원(월 150만 원)까지 비과세 한도가 남아 있다. 그리고, 납입기간을 2년납 또는 3년납 등으로 가입한 저축성보험의 비과세 한도는 일시납 한도 1억 원에서 차감된다.
- **비과세종합저축:** 만 65세 이상이라면 모든 금융기관을 합산하여 5,000만 원까지 비과세종합저축 가입이 가능하다.
- **저율과세:** 제2금융권(신협, 새마을금고, 단위 농·수·축협)을 합산하여 3,000만 원까지 저율과세가 가능하다.
  2025. 12. 31까지 발생하는 이자소득: 1.4%(이자소득세 0%, 농특세 1.4%) 저율과세
  2026. 1. 1~12. 31까지 발생하는 이자소득: 5.9%(이자소득세 5%, 농특세 0.9%) 저율과세
  2027. 1. 1 이후 발생하는 이자소득: 9.5%(이자소득세 9%, 농특세 0.5%) 저율과세

- **연금계좌(연금저축계좌와 개인납입 IRP)**: 모든 금융기관을 합산하여 연금계좌에 연간 1,800만 원까지 납입할 수 있으나, 납입 한도가 이월되지는 않는다. 2025년에 연간 1,000만 원을 입금하여 연간 한도가 800만 원이 남았다고 해도 2026년이 되면 새로운 한도 1,800만 원만 생성되고 전년도인 2025년에 미납입한 한도 800만 원은 소멸된다.

  연금계좌에 납입한 금액 중 세제 혜택을 받지 않은 원금은 과세제외되고, 연말정산 공제받은 금액과 운용수익은 연간 1,500만 원 이하로 수령 시 연금소득세(5.5%~3.3%)가 적용되며 분리과세 한다.

- **ISA**: ISA 계좌는 금융기관 1곳에서만 개설할 수 있고, 연간 2,000만 원까지 납입할 수 있으며, 납입 한도가 이월된다. 만기는 3년이지만, 5년까지 연장할 수 있고 최대 1억 원까지 납입이 가능하다. 2025년에 1,200만 원을 입금해 연간 한도가 800만 원 남았다면, 다음 해인 2026년에 새로운 한도 2,000만 원이 생성되고 2025년에 미납입한 한도 800만 원까지 합산해 2,800만 원까지 납입할 수 있다.

  ISA에서 발생한 운용수익은 계좌 해지 시 200만 원(서민형은 400만 원)까지 비과세되고, 초과금액은 9.9%의 세율로 분리과세 한다.

2) 배당이 가능한 상품을 활용하여 현금흐름을 만드는 전략

은퇴 이후에는 매달 필요한 은퇴 생활비를 마련하는 것이 중요하기 때문에 월 배당 상품에 대한 수요가 증가하고 있다. 이에 맞추어 최근 다양한 월 배당 상품이 출시되고 있다.

월 배당 상품은 주식, 채권, 리츠 등의 기초자산에 투자하면서 기초자산에서 발생하는 이자와 배당금을 월 배당 형태로 지급하는 구조이다(▶

4장 퇴직연금).

월 배당 상품을 연금계좌나 ISA가 아닌 일반계좌에서 투자할 경우 운용수익에 대해서 15.4%가 과세되고 연간 2,000만 원을 초과하면 종합소득신고 대상이 되기 때문에 절세계좌에서 투자하는 것이 필요하다.

05
수익형부동산으로 만드는 현금흐름

수익형부동산은 상가, 오피스텔, 지식산업센터, 주택 등을 매수하여 시세차익보다는 매월 월세를 받을 목적으로 투자하는 부동산을 말한다.

상가나 지식산업센터에 투자할 때 필요한 상권분석, 투자분석 등 전문가의 도움을 받을 영역이므로 여기서는 은퇴를 앞둔 직장인이나 자영업자들이 노후 생활비를 마련하기 위한 목적으로 많이 활용하고 있는 주택 임대소득에 대한 과세요건과 수익형부동산에 투자할 때 검토할 사항에 대해서 살펴보자.

주택 임대소득에 대한 과세요건

우리나라는 2020년 7월에 전월세신고제를 도입하여 6,000만 원 이상인 전세계약과 월세 30만 원 이상인 건에 대해서는 신고를 의무화하였다. 주택 임대소득에 대한 과세는 보유 주택 수에 따라서 적용된다.

<표 60> 주택 임대소득에 대한 과세요건

소유 주택 수	월세 소득	전세보증금	전세보증금
1주택	부분 과세	비과세	공시지가 12억 원 초과 주택에서 월세 소득 발생 시만 과세함
2주택	과세	비과세	월세 소득만 과세
3주택 이상	과세	부분 과세	월세 소득 과세 전세보증금 총액이 3억 원 초과 시 간주임대료 과세

소유 주택 수는 부부 합산한다.

간주임대료는 [전세보증금 총액-3억 원]×60%×(임대 일수/365)×정기예금 이자율(2025년 3.1% 적용)로 계산한다. 정기예금 이자율은 매년 변동된다.

소형주택(전용면적 $40m^2$ 이하이면서 기준시가 2억 원 이하인 주택)은 간주임대료 계산 시에는 주택 수에서 제외되지만, 월세 소득은 신고대상이다. 주택 임대소득에 따른 신고 방법은 <표 61>과 같다.

<표 61> 주택임대 수입금액에 따른 신고 방법

주택임대 수입금액	2,000만 원 이하	2,000만 원 초과
신고 방법	분리과세 또는 종합과세 중 선택 가능	종합과세

※ 분리과세: 주택임대 수입금액에서 필요경비를 공제한 주택임대 소득금액에 대해 다른 소득금액(근로, 사업, 이자, 배당, 연금, 기타소득)과 합산하지 않고 단일세율 14%를 적용함
※ 종합과세: 주택임대 수입금액에서 필요경비를 공제한 주택임대 소득금액에 대하여 다른 소득금액(근로, 사업, 이자, 배당, 연금, 기타소득)과 합산하여 6~45% 누진세율을 적용함

수익형부동산에 투자할 때 검토 사항

은퇴 시점에 수익형부동산에 투자하는 사람들은 대부분 시세차익보다

는 매월 월세를 안정적으로 받을 목적으로 투자하는 경우가 많다. 그러나 노후 생활비를 위해서 투자한 수익형부동산이 기대보다 수익률이 저조하거나 공실이 발생하여 고생하는 경우도 상당히 많다. 수익형부동산에 투자하기 전에 검토해야 할 사항들을 보자.

첫째, 수익형부동산에 투자할 자금의 재원 마련을 점검해야 한다. IRP 계좌에서 인출해 수익형부동산에 투자할 계획이라면, IRP 계좌에서 리츠 상품에 투자하여 얻을 수 있는 기대수익률과 비교한 후에 결정하는 것이 필요하다.

둘째, 은퇴 생활비 중 임대소득이 차지하는 비중을 적절하게 배분해야 한다. 투자한 수익형부동산에서 공실이 발생하면 당장 월수입이 끊긴다. 반드시 필요한 필수항목은 연금 형태로 준비하는 것이 바람직하고, 수익형부동산에서 발생하는 임대수입은 취미활동이나 여가비용으로 활용하는 것이 바람직하다. 일반적으로 은퇴 생활비의 60~70%는 의식주를 해결하고, 제세공과금을 납부하는 등 필수항목이므로 연금 형태로 준비한다. 임대소득은 은퇴 생활비의 30~40% 이내로 제한할 필요가 있다.

셋째, 수익형부동산의 임대소득에 대해서 소득신고를 하게 되면 건강보험 피부양자 자격 유지가 불가능해진다. 피부양자에서 탈락하면 지역가입자로 전환되어 지역건강보험료를 부담해야 하므로 손익계산을 할 때 지역건강보험료에 대한 부담도 고려해야 한다.

넷째, 환금성을 고려하여 투자대상을 결정해야 한다. 수익형부동산은 자가로 거주하는 것이 아니기 때문에 임차인이 자주 바뀔 수 있고, 수택보다 빠르게 시장환경이 변한다. 따라서 미분양 물건이나 환금성이 매우 낮은 물건은 피하는 것이 좋다.

06

실업급여 수령 방법

실업급여는 국가에서 실직한 근로자에게 지급하는 급여로, 구직급여와 취업촉진수당으로 구분된다.

구직급여

구직급여는 고용보험 적용 사업장에서 경영상의 사유 등 비자발적으로 이직한 피보험자에게 지급하는 급여이다. 이직일 다음 날부터 12개월 이내에 신청하고 수급이 완료되어야 하기 때문에, 이직 후에 지체 없이 실업 사실을 신고하는 것이 좋다. 구직급여를 받기 위해서는 아래와 같은 조건을 충족해야 하며, 최대 270일까지 수령할 수 있다.

① 이직일 이전 18개월 동안 고용보험 피보험 단위기간이 180일 이상이 되어야 한다.

② 근로 의사와 능력이 있는데도 취업하지 못한 상태이어야 한다.
③ 이직 사유가 계약기간 만료, 정년퇴직, 경영상의 해고 등과 같이 비자발적인 사유로 퇴직해야 한다.
④ 재취업을 위해 적극적으로 노력해야 한다.

구직급여를 받기 위해서는 이직한 회사에서 먼저 '이직확인서'와 '고용보험 피보험자격 상실신고서'를 신고 완료해야 한다. 이직확인서에는 근로자의 평균임금, 이직 사유, 이직 일자, 피보험단위 기간 등을 기재하여 신고하는데 퇴직자가 이직확인서 발급을 요청하면 회사는 10일 이내에 처리해야 한다. 처리 사실은 〈고용24〉 홈페이지(www.work24.go.kr)에서 확인할 수 있다. 고용보험 피보험자격 상실신고서는 이직으로 4대 보험 자격이 상실되었다는 사실을 입증하는 서류로, 근로복지공단 홈페이지 내 '사업장 피보험자격 신고현황'을 통해 확인할 수 있다.

구직급여를 수령하는 과정은 다음과 같다.

첫째, 〈고용24〉 홈페이지에 구직 신청을 하고, 개인정보가 포함된 이력서를 등록한다.

둘째, 구직 신청을 한 다음에는 수급자격 신청자 교육을 이수해야 한다. 교육은 〈고용24〉 홈페이지에서 온라인으로 수강이 가능하며, 거주지 관할 고용센터에 방문해서 받을 수도 있다.

셋째, 교육을 완료한 후에, '수급자격 인정신청서'를 거주지 관할 고용센터에 방문하여 제출해야 한다. 고용센터는 교육을 수료한 날로부터 14일 이내에 방문해야 한다.

넷째, 수급자격 인정신청서를 제출하면 심사를 거쳐 14일 이내에 인정 여부를 확인할 수 있다.

구직급여 지급 일수 및 금액은 최대 270일 정도 된다. 50세 이상이고 고용보험 가입기간이 10년 이상일 경우, 270일간 구직급여를 수령할 수 있다. 구직급여는 퇴직 전 평균임금의 60%를 지급하는 것이 원칙이다. 다만, 구직급여는 상한과 하한이 정해져 있는데 상한액은 1일 6만 6,000원이다. 하한액은 최저시급의 80%×8(1일 소정의 근로시간)이다. 2025년 경우 최저시급 10,030원의 80%×8시간 금액은 64,192원이다.

취업촉진수당

취업촉진수당에는 직업능력개발 수당, 광역 구직활동비, 이주비, 조기 재취업 수당이 있다. 자세한 내용은 〈고용24〉 홈페이지 '실업급여-취업촉진수당'에서 확인할 수 있다.

07
주택연금 수령 방법

　주택연금은 주택 소유자가 집을 담보로 제공하고, 내 집에 계속 살면서 평생 매월 연금을 받을 수 있도록 국가가 보증하는 제도이다. 부부 중 한 명이라도 55세 이상이고, 공시가격 12억 원 이하의 주택 또는 주거 용도의 오피스텔을 소유했다면 누구나 이용할 수 있다. 다주택자인 경우에도 부부 소유 주택의 공시지가를 합산한 가격이 12억 원 이하이면 신청할 수 있다. 주택연금은 가입 시점의 주택 가격과 가입자의 연령에 따라서 수령액이 달라진다.

주택 가격

　주택연금 월지급금을 정할 때 기준이 되는 주택 가격은 공사에서 인정하는 시세를 적용한다. 아파트의 경우에는 한국부동산원 시세, KB 국민은행 시세를 순차적으로 적용하고 아파트 이외에 인터넷 시세가 없는 주택과 오피스텔은 감정기관의 감정평가를 통한 시세가 적용된다.

가입자 연령

주택연금 월지급금을 결정할 때 가입자 연령은 부부 중 나이가 젊은 사람을 기준으로 한다. 주택 가격이 동일하다면 연령이 높을수록 많고, 연령이 낮을수록 월지급금이 줄어든다.

주택연금은 주택소유자가 소유권을 가지고 공사는 담보주택에 저당권을 설정하는 저당권방식과, 주택소유자가 주택을 공사에 신탁(소유권 이전)하고 공사는 우선수익권을 담보로 취득하는 신탁방식이 있는데, 주택연금 수령 중에 담보설정 방식을 변경하는 것은 가능하다.

〈표 62〉 주택연금 담보설정 방식

구분	저당권방식	신탁방식
담보제공(소유권)	근저당권 설정(가입자)	신탁등기(공사)
가입자 사망시 배우자 연금승계	소유권 이전등기 절차필요	소유권 이전 없이 자동승계
보증금 있는 일부 임대	불가능	가능

주택연금 수령 방법

주택연금은 부부가 모두 생존할 때까지 수령할 수 있는 종신지급방식과, 가입연령에 따라 10년, 15년, 20년, 25년, 30년 중 선택한 일정 기간 매월 동일한 금액을 수령하고 평생 거주하는 확정기간방식이 있다.

주택연금 가입자가 가장 많이 선택하는 방식은 종신지급방식 중 매월 동일한 금액을 수령하는 정액형이다. 〈표 63〉에서 예상수령액을 확인할 수 있는데 부부 중 연소자 연령을 기준으로 월지급금을 산정한다.

〈표 63〉 주택연금 종신지급방식(정액형, 2025. 3. 1 기준)

자료: 주택금융공사 홈페이지

※ 부부 중 연소자 연령 기준으로 월지급금 산정

단위: 천 원

연령	주택가격											
	1억원	2억원	3억원	4억원	5억원	6억원	7억원	8억원	9억원	10억원	11억원	12억원
55세	147	295	443	591	739	887	1,035	1,183	1,331	1,479	1,627	1,774
60세	200	400	600	801	1,001	1,201	1,402	1,602	1,802	2,003	2,203	2,403
65세	242	485	727	970	1,212	1,455	1,698	1,940	2,183	2,425	2,668	2,911
70세	297	595	892	1,190	1,487	1,785	2,082	2,380	2,677	2,975	3,272	3,275
75세	371	742	1,113	1,484	1,855	2,227	2,598	2,969	3,340	3,535	3,535	3,535
80세	474	949	1,424	1,899	2,374	2,849	3,324	3,799	3,936	3,936	3,936	3,936

주택연금은 2006년 도입되었는데, 초기에는 가입자가 적었으나 2016년 이후로는 연평균 1만 명씩 증가해 2024년 10월 말 기준으로 133,364명이 신청하였다. 가입자 평균연령은 72세, 평균 주택 가격은 3억 8,900만 원, 평균 월지급금은 122만 원으로 조사되었다.

주택연금은 평생 거주할 수 있고, 부부 중 한 사람이 사망해도 연금 감액 없이 100% 동일금액을 수령할 수 있다. 그러나 가입 시점보다 나중에 주택 가격이 상승하더라도 주택연금 수령액이 증액되지 않기 때문에 가입 시점을 결정하는 것이 매우 중요하다.

주택연금을 신청하기 전에 다음 사항을 미리 점검하자.

첫째, 은퇴 이후 기간별로 현금흐름을 미리 점검해야 한다. 은퇴 생활비를 마련하는 방법에는 주택연금 외에도 국민연금, 퇴직연금, 개인연금 등 다양한 방법이 있기 때문에, 현금흐름을 미리 점검한 후에 언제 주택연금을 신청할 것인지 결정하는 것이 필요하다.

둘째, 주택 가격이 고점이었을 때 신청하는 것이 유리하다. 주택연금이 도입된 2006년 이후로 서울을 비롯한 수도권 주택 가격은 많이 올랐다. 주택 가격이 언제가 고점일지는 정확히 예측할 수 없지만, 주택연금 신청을 검토 중이라면 한국부동산원에서 매월 보도자료를 통하여 발표하는 부동산 시세를 정기적으로 확인하는 것이 필요하다.

셋째, 주택연금을 중도에 해지한다면 손해가 발생할 수 있다. 주택연금은 초기보증료로 주택 가격의 1.5%(대출상환방식의 경우 1.0%)를 최초 연금지급일에 납부해야 한다. 그런데 중도해지를 한다면, 초기보증료를 돌려받을 수 없을 뿐만 아니라, 그동안 수령한 주택연금액과 이자를 같이 반환해야 한다. 또한 중도해지 시에는 3년간 재가입을 할 수 없으니 주택연금 신청 시기를 신중하게 결정해야 한다.

08

종합소득세 이해하기

1) 5월은 종합소득신고의 달

대부분의 직장인은 1월에 연말정산간소화 자료를 회사에 제출해 연말정산으로 소득신고를 마무리한다. 직장을 다니면서 1월에 연말정산을 했는데, 근로소득 외에 다른 소득이 존재한다면 두 종류의 소득을 합산하여 다음 해 5월에 종합소득신고를 하게 된다.

그런데 퇴직을 하면 어떻게 될까? 5월에 종합소득신고를 한 사람은 퇴직과 관계없이 계속 종합소득신고를 해야 한다.

직장을 다닐 때, 연말정산으로 모든 세금 신고를 마무리한 은퇴자는 은퇴 이후에도 별도의 세금 신고는 필요하지 않다. 연말정산으로 세금 신고를 마무리하였다면 신고대상 사업소득이 없었고 이자소득과 배당소득이 연간 2,000만 원을 초과하지 않은 경우이다. 은퇴 이후에 근로소득이 중단되고 국민연금을 수령할 때는, 국민연금공단에서 세금을 공제한

<표 64> 소득 종류에 따른 과세 방법

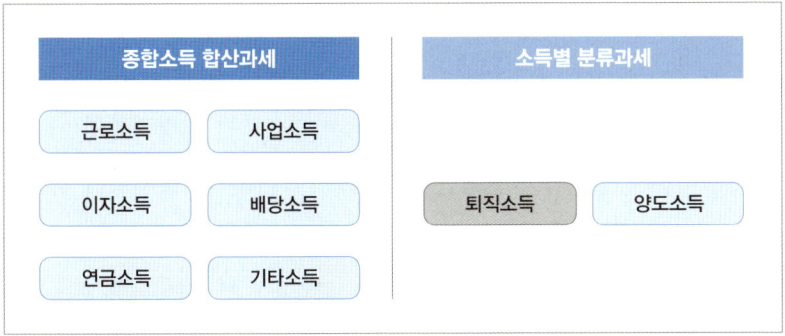

후 세후 수령액을 지급하고 매년 1월에 공단에서 연말정산까지 마무리한다. 그래서 별도의 세금 신고는 필요하지 않다.

퇴직연금은 위의 표에서 보는 바와 같이 원천이 퇴직금일 경우에는 분류과세 항목이기 때문에 퇴직연금으로 수령해도 종합소득신고 대상은 아니다. 다만, 퇴직 이후에 퇴직금에서 발생하는 운용수익은 퇴직금이 아니기 때문에 퇴직금과 과세유형이 다르다.

퇴직금에서 발생하는 운용수익은 발생 시점에 과세하지 않고, 인출 시점에 연금소득세로 과세된다. 연말정산 공제를 받은 연금계좌(연금저축 & 개인납입 IRP) 수령액과 합산하여 연간 1,500만 원 이하일 경우에는 연금소득세가 5.5%~3.3% 부과되지만, 연간 1,500만 원을 초과하면 종합소득신고 또는 16.5%의 연금소득세로 과세한다.

2) 퇴직자의 연말정산 정기신고

직장인이 연말정산 간소화 서비스 자료를 제출하는 시기는 대부분 1월 중순에서 말일까지이다. 연도 중에 퇴직하는 경우는 물론이고, 12월 말에 퇴직하는 경우에도 회사에서 연말정산까지 마무리할 수 없는 상황이 된다.

 퇴직금을 정산할 때 회사에서는 잔여 임금, 시간외수당, 연월차수당과 같은 미지급 급여 항목도 대해서도 같이 정산을 하고, 근로소득원천징수영수증을 발행한다. 그래서 퇴직 시점에서 정산하는 연말정산에서는 전년도 인적공제 항목과 연말정산 항목 중 급여 지급 시 공제했던 국민연금보험료, 건강보험료, 고용보험료 등 회사가 보유하고 있는 자료만을 반영하여 연말정산을 한다. 따라서, 퇴직자는 반드시 퇴직 다음 해 5월에 홈택스 화면에서 연말정산 정기신고를 해야 한다.

<표 65> 퇴직자의 연말정산 정기신고

자료: 홈택스

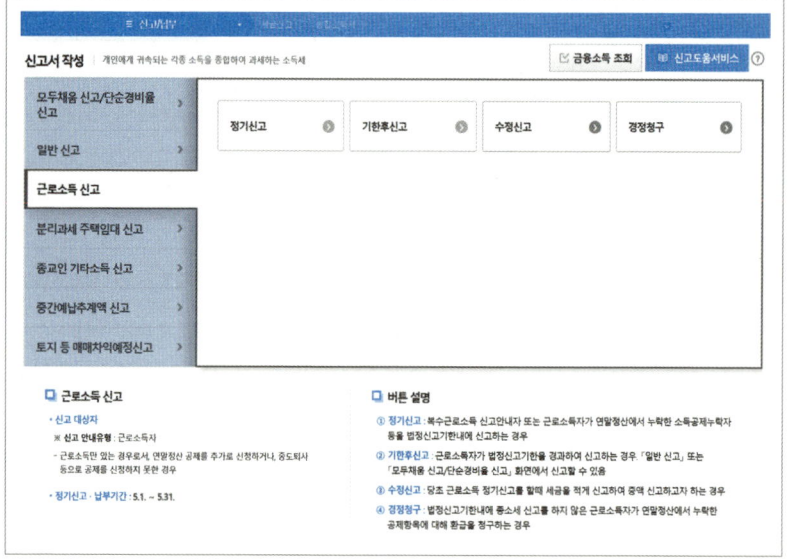

 <표 65>의 화면은 매년 5월 종합소득신고 기간에 오픈된다. 퇴직 등의 사유로 연말정산 공제항목에 대해 공제신청을 못했거나, 누락한 경우에 해당하므로 [정기신고] 화면을 클릭하여 신고하면 된다. 회사에서는 전

년도 근로소득으로 지급한 내역을 국세청에 신고하므로, 5월에 홈택스 화면을 접속하면, 근로소득 내역과 연말정산 간소화 서비스 내역을 직접 확인 후 [정기신고]를 마무리할 수 있다. 소득세는 6월 말에 환급되고, 지방소득세는 7월 말에 환급된다.

9장

은퇴 설계 실전 사례

01
임원으로 퇴직하는 김 상무의 고민

　1968년생인 김 상무는 2005년 8월에 ○○그룹에 경력사원으로 입사하여 2019년 1월에 임원으로 승진했다. 그리고 6년간 임원으로 근무하다 2024년 12월에 퇴직하였다. 임원 승진을 한 2019년에 퇴직금을 중산정산 받았고, 2025년 1월에 임원 퇴직금을 IRP 계좌로 수령하였다. 김 상무는 퇴임 이후 저자에게 연금 교육을 들었다. 교육 때 들은 것보다 퇴직소득세가 많이 나왔다고 세액정산 특례가 적용된 것인지 문의하였다. 또 퇴직금을 연금으로 수령할 계획인데 연금 수령 시에 알아야 할 절세 전략을 문의하였다.

주요 상담 내용
① 퇴직소득세 세액정산 특례 적용
② 퇴직소득세 절세전략

1) 퇴직소득세 세액정산 특례

　퇴직소득은 분류과세 항목으로, 퇴직한 2024년도의 근로소득과 합산하지 않고 퇴직소득만 따로 세금을 계산하는 소득이다.

　김 상무의 경우에는 임원 승진할 때 중간정산을 받았기 때문에 퇴직소득세 세액정산 특례 대상이 된다(▶7장 퇴직연금과 연금계좌의 세금).

　세액정산 특례제도는 2016년 2월 17일부터 적용되었다. 중간정산 이력이 있는 임직원이 퇴직 시 중간정산 내역과 합산하여 계산한 세금과 중간정산 이후로 계산한 세금을 비교하여 유리한 것을 선택하는 제도이다. 임원 퇴직금의 경우에는 근속기간은 비교적 짧고, 퇴직금 수령액은 크기 때문에 세액정산 특례를 적용하는 것이 매우 유리하다.

　김 상무의 퇴직금 관련 정보는 아래와 같다.

- 최초 입사일: 2005. 8. 1
- 퇴직금 중간정산일: 2018. 12. 31
- 임원 퇴직일: 2024. 12. 31
- 중간정산 퇴직금: 154,842,365원
- 중간정산 때 납부한 퇴직소득세: 7,231,380원
- 임원 퇴직금: 376,458,334원

　김 상무가 처음 회사에서 받은 퇴직소득 원천징수영수증상 퇴직소득세는 73,749,160원이었다. 이 세금은 임원 퇴직금에 대한 퇴직소득세를 계산할 때 근속기간을 임원 재직기간(2019. 1. 1 ~2024. 12. 31)으로 계산했기 때문이다.

〈표 66〉 세액정산 특례 미적용과 적용의 비교

구분	1) 세액정산 특례 미적용			구분	2) 세액정산 특례 적용		
	중간 지급	최종 지급	전체		중간 지급	최종 지급	전체
퇴직금	154,842,365	376,458,334	531,300,699	퇴직금	154,842,365	376,458,334	531,300,699
퇴직소득세	7,231,380	73,749,160	80,980,540	퇴직소득세	7,231,380	51,869,000	59,100,380
지방소득세	723,130	7,374,910	8,098,040	지방소득세	723,130	5,186,900	5,910,030
총부담세액	7,954,510	81,124,070	89,078,580	총부담세액	7,954,510	57,055,900	65,010,410
세율	5.14%	21.55%	16.77%	세율	5.14%	15.16%	12.24%

〈표 66〉에서 보듯이 1) 세액정산 특례 미적용하면, 중간정산 이후를 기산일로 하여 퇴직소득세를 계산하면 73,749,160원이 된다. 그러나 2) 세액정산 특례를 적용하면 임원 퇴직금에 대한 퇴직소득세는 51,869,000원이다.

세액정산 특례는 자신에게 유리한 것을 선택하기 때문에 2)와 같이 세액정산 특례를 적용해 퇴직소득원천징수영수증을 확정하면 퇴직소득세가 21,880,160원 줄어들고, 지방소득세가 2,188,010원 줄어든다.

김 상무는 임원 퇴직금을 IRP 계좌로 수령하였기 때문에 수정된 퇴직소득원천징수영수증을 회사에서 금융기관으로 접수하면 수정된 퇴직소득세를 적용받을 수 있다.

 회사에서 퇴직금 중간정산 받은 자료가 없다고 하면 어떻게 해야 할까?

퇴직금 중간정산 자료가 회사에 없을 경우, 근로자 본인이 가까운 세무서에 방문하여 중간정산 받은 자료를 출력하여 회사에 제출하면 된다.

세액정산 특례가 제대로 적용되었는지 어떻게 확인할 수 있을까?

퇴직소득 원천징수영수증의 [정산 근속년수]란의 ⑲기산일이 최초 입사일로 적용되었는지 확인하면 된다.

2) 퇴직소득세 절세 전략

위의 사례에서 살펴본 바와 같이 임원 퇴직금을 수령한 경우나 법정퇴직금 외에 특별퇴직금을 수령한 경우에 퇴직소득세율이 높은 편이다.

김 상무의 경우, 임원 퇴직금 376,458,334원에 대해 57,055,900(지방소득세 포함 15.16%)의 세금을 납부해야 하므로 절세전략 수립이 필요한 상황이다.

김 상무가 임원 퇴직금을 어떻게 인출해야 퇴직소득세를 적게 낼 수 있는지 사례별로 살펴보자. 김 상무는 1968년 9월생이고, 퇴직연금 가입일자는 2005. 8. 1로, 2013. 2. 28 이전의 수령연차 적용을 받는다(▶7장 퇴직연금과 연금계좌의 세금).

① 목돈이 필요하여 IRP 계좌를 해지하여 일시금으로 수령할 때 과세

- 1년 차 수령 한도 90,350,000원[376,458,334원/(11-6)×120%]에 대해서는 10.612%(15.16%×70%) 과세 적용.
- 1년 차 수령 한도 초과액 286,108,334원[376,458,334원-90,350,000원]에 대해서는 15.16% 과세 적용.
- 퇴직금에서 발생한 운용수익은 16.5% 과세 적용(연금 외 인출).

② IRP 계좌에서 매월 세전 315만 원을 수령할 때 과세

- 1~119개월 차 연금 수령

  세전 3,150,000원에 10.612%(15.16%×70%) 과세 적용. 세후 2,815,722원 수령.

- 120개월 차

  퇴직금 잔액 1,608,334원은 10.612% 과세 적용.

  운용수익 1,541,666원 (3,150,000 - 1,608,334)은 5.5% 연금소득세 적용.

- 121개월 차 이후(운용수익이 인출되는 구간)

  연간 1,500만 원 이내일 경우 5.5% 과세 적용.

  1,500만 원 초과 시 전체 수령 금액에 대하여 16.5% 과세 적용.

③ IRP 계좌에서 매월 세전 200만 원을 수령할 때 과세

- 1~120개월 차 연금 수령

  세전 2,000,000원에서 10.612%(15.16%×70%) 과세 적용. 세후 1,787,760원 수령.

- 121~188개월 차 연금 수령

  세전 2,000,000원에서 9.096%(15.16%×60%) 과세 적용. 세후 1,792,640원 수령.

- 188개월 차 연금 수령

  퇴직금 잔액 458,334원은 9.096% 과세 적용

  운용수익 인출 1,541,666원(2,000,000원 - 458,334원)은 4.4% 연금소득세(2040년 만 72세. 70세~79세 운용수익 수령 시 연금소득세 4.4% 과세)

- 189개월 차 이후(운용수익이 인출되는 구간)

연간 1,500만 원 이내일 경우 4.4% 과세 적용,

연간 1,500만 원 초과 시 전체 수령 금액에 대하여 16.5% 과세 적용

> **절세 Tip**
>
> **퇴직 후에 바로 연금을 개시하면 절세에 도움이 된다**
>
> 퇴직금을 연금으로 수령하는 경우, 실제수령연차 11년 차부터 퇴직소득세 40%를 감면받을 수 있다. 그러므로 퇴직 후 바로 1만 원씩이라도 매년 수령하는 것이 절세에 도움이 된다.

02

60세에 정년퇴직 예정인 A 부장의 고민

1965년생인 A 부장은 △△그룹에 1992년 1월에 입사하여 34년 근속하고 2025년 9월 말에 정년퇴직 예정이다. 퇴직 이후에 재취업은 하지 않고, 현재 보유 자산으로 은퇴 생활비를 월 400만 원 정도 만들 수 있는지 궁금하다. 또, 먼저 퇴직한 선배들이 퇴직 이후 지역건강보험료가 많이 부담된다고 이야기를 해서, 지역건강보험료를 줄일 방법에 대해서 상담을 요청하였다.

주요 상담 내용

① 현재 보유 자산으로 은퇴 생활비 만들기

② 지역건강보험료 절감 방안

1) 현재 보유 자산으로 은퇴 생활비 만들기

A 부장의 가족 현황과 주요 재무 정보는 다음과 같다.
- **부인 B 씨**: 66년생, 국민연금 임의가입 중. 64세부터 월 41만 원 수령 예상
- **자녀 2명**: 첫째 직장인, 둘째 대학원생
- **주택**: A 부장 명의로 수도권에 APT 1채 보유 중이며 대출은 없음
- **퇴직금 예상액**: 240,000,000원, 퇴직소득세 4% 예상
- **연금저축계좌 평가액**: 72,000,000원
- **은행 예금**: 부인 B 씨 명의로 200,000,000원
- **은퇴 생활비**: 매월 350만 원+연간 600만 원

우리나라 50~60대 직장인들은 대부분 A 부장과 비슷한 고민을 할 것이다. 보유 자산이 많으면 걱정이 덜하겠지만, 보유 자산이 충분할까 싶어 은퇴가 두려운 것이 현실이다. 그러나 은퇴 전에 평생 월급 시스템을 미리 구성해 대비한다면 은퇴가 마냥 두렵지만은 않을 것이다.

위의 재무 정보를 가지고 은퇴 이후에 부부가 사용할 은퇴 생활비를 평생 월급 시스템으로 구성해 보았다. A 부장 부부와 재무 상담을 통하여 구성한 은퇴 후 예상 현금흐름은 〈표 67〉과 같다.

⟨표 67⟩ A 부장 가정의 은퇴 후 예상 현금흐름(세후)

단위: 만 원

소득의 종류		61세(60)	62세(61)	63세(62)	64세(63)	65세(64)	66세(65)	68세(67)	70세(69)	71세(70)	75세(74)	80세(79)	85세(84)	90세(89)	100세(99)	과세유형
연금소득	A 부장 국민연금 (65. 9월생)				190	192	194	198	202	202	202	202	202	202	202	원천징수
	부인 B 국민연금 (66. 6월생)					41	41	41	42	42	42	42	42	42	42	
	퇴직연금	194	194	194	194	194	194	194	194	96	70~79세 운용수익 4.4% 원천징수					원천징수 (분류/분리 과세)
	연금저축계좌	95	95	95	95	95	95	55~69세 5.5% 원천징수								
금융소득	이자소득		120	120	63세까지 원금 + 이자 수령											원천징수
기타소득	주택연금								주택연금 가입 검토							과세제외
	실업급여	184														과세제외
월 수령액		473	409	409	479	521	524	433	437	339	243	243	243	243	243	
물가상승률 2% 반영한 필요 자금		400	408	416	424	433	442	459	477	515	525	404	445	445	445	
부족한 연금액		73	1	-7	55	88	41	-26	-40	-176	-282	-161	-201	-201	-201	

※ 국민연금: 종신지급형으로 매년 물가상승률만큼 연금액이 인상됨(2021년 0.5%, 2022년 2.5%, 2023년 5.1%, 2024년 3.6%, 2025년 2.3% 인상)
※ IRP 계좌: 퇴직금은 10년간 매월 세전 200만씩 원 수령하고, 10년 이후에는 운용수익을 세전 월 100만 원씩 수령할 계획
※ 연금저축계좌: 매월 세전 100만 원씩 수령하면 약 6년 6개월간 수령 가능(수익률 3% 가정 시)
※ 금융자산: 국민연금 수령 전까지 부족한 자금 월 120만 원 정도를 예금(원금+이자)에서 사용할 계획
※ 주택연금: 부인 B 씨의 나이 70세 이후에 가입 여부 검토

① 부인 명의로 보유 중인 **정기예금** 2억 원 중 1억 원은 자녀 결혼자금으로 사용할 계획이다. 나머지 1억 원으로 국민연금 수령 전에 부족한 생활비를 해결할 계획이고, 남은 자금은 노후 비상 자금으로 활용할 것이다.

② **A 부장의 국민연금**은 2029년 10월부터 수령이 가능하다. 조기노령연금을 검토하였으나, 조기노령연금은 1년마다 국민연금이 6%씩 감액지급이 된다고 하여 퇴직연금을 먼저 수령하기로 결정하였다.

부인 B 씨의 국민연금은 현재 납부 중인 월 9만 원을 연금 수령 전까지 계속 납부하기로 하였다.

③ **퇴직연금**은 장기로 수령하면 절세효과가 있는 것을 알지만, 국민연금 수령 전에 생활비가 부족하여 세전으로 월 200만 원씩 수령할 계획이며, 10년 이후에는 퇴직금이 소진되므로, 운용수익을 수령하는 기간에는 수령 금액을 세전 월 100만 원으로 조정하여 3년 5개월(운용수익률 연 3% 적용 시)간 수령할 예정이다.

④ **연금저축계좌**에서 세전 월 100만 원씩 수령하여 6년 6개월(운용수익률 연 3% 적용 시)간 수령할 예정이다.

⑤ **금융자산**: 국민연금 수령 전까지 부족한 생활비는 예금에서 발생한 이자와 일부 원금을 사용하여 해결할 예정이다.

⑥ **실업급여**: 최대 270일(일 66,000원)까지 수령이 가능하다.

⑦ **주택연금**: 주택연금은 지금 바로 신청이 가능한 상태이지만, 부인 B 씨의 70세 이후에 신청할 예정이다. 주택 가격이 9억 원일 때 부인 B 씨의 나이 70세에 주택연금을 신청하면 월 267만 원을 수령할 수 있다(▶8장의 〈표 63〉 주택연금 종신지급방식). 물론, 주택연금은 주택 가격 변동성에 따라 지급액이 달라지므로 신청 시점을 잘 판단하여야 한다.

　예상 현금흐름을 보면 A 씨가 68세에 도달할 때부터 생활비가 약간씩 부족한 것으로 보였다. 특히 71세부터 급격히 생활비가 부족해진다. 이 시기에 주택연금으로 생활비를 상당 부분 충당하고, 부부의 국민연금으로 나머지를 보충하면 비교적 안정적인 현금흐름을 가져갈 것으로 예상할 수 있었다. A 부장은 막연한 불안감을 가졌던 은퇴 이후의 삶에 대해 계획을 세우고 안도감을 느끼며 상담을 마쳤다.

2) 지역건강보험료 절감 방안

은퇴자들의 고민 중 하나가 지역건강보험료에 대한 부담이다. A 부장의 사례로 지역건강보험으로 언제 전환되며, 전환 시 보험료가 어느 정도 부과될지 살펴보자.

A 부장 부부는 2030년까지 자녀의 직장건강보험에 피부양자 등재가 가능하다(▶2장 국민건강보험). A 부장 부부의 보유 주택이 공시가격 7억 원이라고 가정할 때, 국민연금 수령액이 세전 2,000만 원을 초과하기 전까지는 첫째 자녀의 직장건강보험에 피부양자 등재가 가능하다. 그러나 2030년에는 A 부장의 세전 국민연금 수령액이 2,000만 원을 초과해 2031년부터 지역가입자로서 지역건강보험료를 납부하여야 한다.

지역건강보험료 계산에 포함되는 소득과 자산은 무엇일까? 현재, IRP와 연금저축계좌에서 수령하는 연금액은 지역건강보험료 산정에서 소득에 포함되지 않는다. 따라서 소득은 국민연금 세전 수령액만 포함되며, 보유 주택이 지역건강보험료 부과 대상이다.

A 부장의 세전 국민연금을 월 200만 원, 보유 주택 과세표준을 4억 2,000만 원(주택의 경우 과세표준은 공시가격의 60%로 계산)으로 입력 후 2025년 기준으로 지역건강보험료를 모의계산하면 다음과 같다.

〈표 68〉 보유 주택 과세표준에 따른 지역건강보험료 모의계산

자료: 건강보험공단 홈페이지

예상지역보험료(04월) 246,260원	
구분	금액
① 소득월액보험료(사업·금융·연금·근로·기타소득)×건강보험료율	70,900원
② 재산(주택·건물·토지·전월세 등) 점수	706점
③ 재산보험료(②×208.4)	147,130원
④ 건강보험료(①+③)	218,030원
⑤ 장기요양보험료(④×0.9182%/7.09%) (2024년 기준)	28,230원
⑥ 지역보험료(④+⑤)	246,260원

모의계산에서 보듯이 국민연금 수령 금액에 부과되는 지역건강보험료는 70,900원이고, 보유 주택에 부과되는 지역건강보험료는 147,130원이다. 2031년에도 국민연금 수령액도 물가상승률만큼 인상되면 증가할 것이고, 주택 과세표준도 변경이 될 가능성이 높고, 건강보험료율 또한 인상될 가능성이 높다. 여기에 장기요양보험료가 같이 부과되는 구조이기 때문에 은퇴 생활비에서 부담이 되는 것이 사실이다. 은퇴 후 현금흐름에서 이를 감안할 필요가 있다.

03

52세에 특별퇴직을 신청한
이 차장의 고민

1973년생인 이 차장은 2000년 1월에 입사하여 25년 근속하고 2024년 7월 말에 특별퇴직을 신청하였다. 건강상의 이유로 더 이상 근로활동은 어려워 특별퇴직을 신청하였는데, 특별퇴직금을 어떤 방식으로 수령해야 할지 고민이고, IRP 계좌에서 연금으로 수령할 계획이라 운용에 대한 도움을 요청하였다.

주요 상담 내용
① 특별퇴직금 수령 계좌 선택
② IRP 계좌의 효율적인 운용 방안

1) 특별퇴직금 수령 방법

만 55세가 넘었다면 특별퇴직금을 수령하는 계좌는 어떤 것이라도 된다. 그러나 만 55세 미만일 때 퇴직을 하면 법정퇴직금은 반드시 IRP 계좌로 수령해야 하지만, 특별퇴직금은 급여통장, 연금저축계좌, IRP 계좌 중 1곳을 지정하여 수령할 수 있다.

연금계좌에서 연금을 개시하는 것은 만 55세 이후에만 가능하다. 그래서 특별퇴직금을 어떤 용도로 사용할 것인지에 따라 특별퇴직금을 수령할 계좌를 잘 선택해야 한다. 이 차장에게는 3종류 계좌의 장, 단점을 아래와 같이 설명하였다.

① 급여통장

특별퇴직금의 용도가 만 55세까지 기다릴 수 없는 자금이라면 급여통장으로 수령하는 것도 가능하다. 연금계좌에서 퇴직소득세 감면을 받으려면 만 55세 이후에나 가능하다. 만 55세에 이전에 특별퇴직금을 사용하려면 연금계좌를 해지해야 하기 때문에 연금계좌로 수령하는 이점이 사라진다. 급여통장으로 수령하면 퇴직소득세를 차감한 세후 금액을 수령하게 된다.

② 연금저축계좌

특별퇴직금 중 일부만 만 55세 이전에 사용할 계획이라면 연금저축계좌로 수령하는 것도 좋은 방법이다. IRP 계좌는 만 55세 이전에 분할인출이 불가능하지만 연금저축계좌는 분할인출할 수 있다. 물론 만 55세 이전에 인출하는 특별퇴직금에 대해서 퇴직소득세 감면은 받을 수 없다. 그러나 인출하지 않은 특별퇴직금 잔액은 만 55세가 지나면 퇴직소득세의 30~40%를 감면받을 수 있다.

③ IRP 계좌

특별퇴직금을 만 55세 이전에 인출할 계획이 없다면 IRP 계좌로 수령하는 것이 좋다. 만 55세가 지나면 IRP 계좌에서도 부분 인출이 가능해지고, 당해 연도 연금 한도 내에서 퇴직소득세의 30%를 감면받을 수 있다.

이 차장은 만 55세까지 IRP 계좌에서 인출하지 않아도 생활이 가능하다고 판단하여 법정퇴직금과 특별퇴직금 전액을 IRP 계좌로 수령하였다.

2) IRP 계좌의 효율적인 운용방안

이 차장은 국내 주식에 투자한 경험이 있지만, 투자 성과는 만족할 만한 수준은 아니었다고 한다. 또한, 상담 시기인 2024년 9월에 보면 2023~2024년에 미국을 비롯한 글로벌 증시가 이미 많이 올랐고, 기준금리는 점진적으로 인하될 가능성이 높으므로 주식 비중보다는 안전자산인 예금과 채권 비중을 높여서 포트폴리오를 구성하면 좋겠다는 의견을 제시하였다.

이 차장의 목표수익률은 '우리나라 기준금리+2%'로 설정하고 〈표 69〉와 같이 초년도 포트폴리오를 구성하고, 분기에 1회씩 포트폴리오 변경이 필요한지 점검하기로 하였다.

〈표 69〉 IRP 계좌 포트폴리오(2024년 4분기)

구분	투자 비율
원리금보장상품 (예금, ELB)	18.0%
국고채권	36.8%
국내채권형 펀드	18.4%
해외채권형 펀드	7.3%
TDF & 디딤 펀드	18.8%
해외주식형 펀드	0.7%

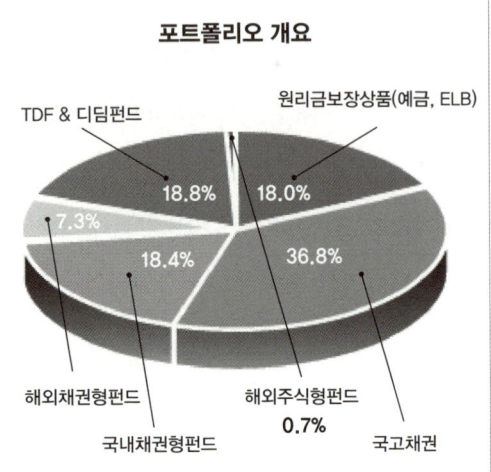

①**원리금보장상품:** 2024년 9월에 ○○저축은행 1년 정기예금(금리 3.8%)과 ○○증권 ELB(2026. 3. 13 만기, 금리 3.56%)를 동일한 금액으로 매수하여 보유 중이다.

②**국고채권:** 2024년 9월에 국민주택 1종(만기일자: 2029. 9. 30)과 국고 03250-5303(23-2)(만기일자: 2053. 3. 10)을 동일한 금액으로 매수하여 보유 중이다.

③**국내채권형 펀드:** 2024년 9월에 국내단기채권형펀드에 퇴직금의 18.4%를 투자하여 보유 중이다.

④**해외채권형 펀드:** 2024년 9~12월에 걸쳐 2회에 나눠서 매수하였고, 미국 정부 관련 채권에 투자하는 펀드와 글로벌하이일드채권형펀드를 동일한 금액으로 매수하여 보유 중이다.

⑤**TDF & 디딤 펀드:** 2024년 9~12월에 걸쳐 3회에 나눠서 매수하였다. TDF와 디딤 펀드를 동일한 금액으로 매수하여 보유 중이다.

⑥**해외주식형 펀드:** 2024년 9~12월에 2회에 나눠서 매수하였고, 글로

벌 1등 혁신기업에 투자하는 해외 주식형 펀드를 퇴직금의 0.7%를 투자하여 보유 중이다.

투자한 종목에 대한 연환산 기대수익률과 투자전략은 다음과 같다.

〈표 70〉 종목에 따른 투자전략

구분	투자 비율	연환산 기대수익률	투자전략
원리금보장상품 (예금, ELB)	18.0%	3.0%	- 저축은행 정기예금: 예금자보호 대상, 1년 정기예금 금리가 가장 높음 - 증권ELB: 발행증권회사가 원리금지급 보증함, 만기 1년 6개월로 선택
국고채권	36.8%	3~5%	- 중기 국고채권: 국민주택 1종_이자를 만기에 복리로 일괄 지급하는 5년 만기 국고채권. 만기보유전략 - 장기국고채권: 국고03250-530(23-2)_30년 만기 국고채권으로 연 3.25% 이자(3월, 9월 지급)를 수령하면서 국고채권 금리가 하락하면 매도하여 매매차익을 추구할 목적으로 매수
국내채권형 펀드	18.4%	3~5%	- 국내 단기(만기까지 남은 기간 평균 약 1.3년) 채권에 투자하는 펀드. 금리보다 1% 정도 높은 수익을 추구하면서 유동성을 확보하는 전략
해외채권형 펀드	7.3%	4~6%	- 미국 중기채권: 미국 국채 및 모기지 관련 채권에 투자하는 펀드. 듀레이션(만기까지 남은 기간) 평균 약 6년 - 글로벌하이일드채권: 신용등급이 상대적으로 낮은 채권에 투자
TDF & 디딤 펀드	18.8%	5~6%	- TDF2030: 글로벌 주식 46%, 글로벌 채권 54% 투자하는 자산배분 펀드 - 디딤 펀드: 글로벌 주식 50%, 글로벌 채권 50%에 투자하는 자산배분 펀드
해외주식형 펀드	0.7%	6~10%	- 글로벌 우량 혁신기업에 투자하는 액티브주식형 펀드 (Active: 펀드매니저가 적극적으로 종목 발굴하여 시장수익률보다 높은 수익을 추구하는 전략)

IRP 계좌에서 2024년 9월부터 투자를 시작하여 12월까지 초년도 포트폴리오 구성을 마무리하였다. 예금과 국내 채권에 투자하는 상품은 일

시금으로 투자하였고, 변동성이 비교적 큰 해외 채권형 펀드, TDF & 디딤 펀드, 해외 주식형 펀드는 분할매수로 접근하여 리스크를 줄이고자 했다.

TDF & 디딤 펀드에 글로벌 주식형 비중이 약 50% 투자되고 있으므로 2024년 12월 기준으로 예금과 채권형 펀드 투자 비율은 89.9%이고, 주식형 펀드 비중은 10.1%이다.

2025년 2월에 실시한 모니터링에서는 트럼프 대통령 당선 이후로 글로벌 증시 변동성이 커졌고, 금리 추이도 예상에서 크게 벗어나지 않아서 2024년 4분기에 구성한 포트폴리오를 그대로 유지하기로 하였다. 다만, 관세전쟁이 어느 정도 윤곽이 드러나면 2025년 2분기 모니터링에서는 국내 채권형 상품을 일부 매도하여 TDF & 디딤 펀드와 해외 주식형 펀드 비중을 늘릴 예정이다.

04

40대부터 노후 자금을 준비한 박 차장의 연금 설계

1973년생인 박 차장은 2015년 2월에 지인 소개로 재무 상담을 하게 되었다. 2015년 당시 만 42세였던 박 차장은 서울에 사는 맞벌이 부부로, 초등학생인 자녀가 2명 있었다. 맞벌이 부부라서 노후에 대한 걱정이 많진 않지만 연말정산을 위해 납입하고 있는 연금저축에 대하여 수익률을 높일 수 있는 방안에 대하여 도움을 요청하였다.

주요 상담 내용
① 연금저축의 수익률 제고 방안
② 개인납입 IRP 계좌를 활용한 연금 설계

1) 연금저축의 수익률 제고 방안

박 차장이 연말정산을 위하여 납입하던 연금저축은 생명보험회사의 연금저축보험이었다. 연금저축보험은 가입자가 납입한 원금에서 사업비를 공제한 금액에 대해 보험회사가 공시하는 이율로 이자를 지급하는 상품이다. 가입 초기에는 원금보다 적립금이 적을 수밖에 없다. 일정 기간이 지나면 원금이 회복되고 수익도 발생하지만, 금리형 상품이기 때문에 기대수익률은 낮은 편이다. 반대로 증권사로 이전하여 연금펀드에 투자한다면 변동성은 있지만 은퇴 시점까지 장기간 투자할 경우, 기대수익률은 금리형 상품보다 높은 편이다.

2013년 2월 이전에는 1개의 연금펀드에 투자하면서 투자 기간 중간에 다른 종목으로 전환할 수 있는 형태로 연금펀드가 운용되었다. 그러나 2013년 3월부터 연금저축계좌로 전환이 가능해졌다. 그래서 2015년 6월에 박 차장에게 생명보험회사의 연금저축보험을 증권회사의 연금저축계좌로 이전을 추천하였다.

박 차장도 은퇴 시점까지 연금저축계좌를 유지할 계획이었고 펀드 투자에도 관심이 있었기 때문에 증권회사의 연금저축계좌로 바로 이전하였다. 박 차장의 연금은 〈표 71〉처럼 예상되었다.

〈표 71〉 연금저축계좌 이전을 통한 박 차장의 연금 설계

구분	금액 (원)	주요 내용
만 42세(2015. 6)에 이전한 금액	29,267,688	연금저축보험 → 연금저축계좌
만 51세(2024. 12) 평가액	85,520,492	연간 408만 원(34만×12) 입금+운용수익
8년간 입금 예정액(2025~32)	32,640,000	매월 34만 원씩 자동이체 설정
만 60세(2033) 예상액	145,172,912	연평균 수익률 3% 예상

① 연금저축보험의 이전

2015년 6월에 생명보험회사의 연금저축보험을 증권회사의 연금저축계좌로 이전 신청하였고, 29,267,688원이 증권회사의 연금저축계좌로 입금되었다. 주의할 점은 이전할 때 보험회사에서 이미 차감한 사업비를 환급하지 않는다.

이전 신청은 신규로 거래하고자 하는 금융기관 앱에서 직접 신청할 수 있기 때문에, 기존 보험회사를 방문할 필요는 없다. 보험회사에서 고객에게 이전 의사를 확인하는 전화를 하니까 통화하면 된다.

② 연금저축계좌의 운용 및 자동이체 설정

보험회사에서 이전한 금액이 목돈이기 때문에 29,267,688원을 4개 펀드(채권형 펀드 2건, 주식형 펀드 2건)에 분산해 투자를 시작하였고, 3회에 걸쳐서 분할매수하였다. 그리고, 매월 34만 원씩 자동이체를 설정하여, 주식형 펀드 2건에 각 17만 원씩 투자되도록 하였다.

③ 주기적인 포트폴리오 변경

〈표 72〉는 2024년 4분기 기준 포트폴리오 현황이다. 글로벌 금융시장은 수많은 변동 요인으로 상승하기도 하고 하락하기도 한다. 최소 분기에 1회는 현재 포트폴리오를 점검하여 변경을 할 것인지 점검해야 한다.

박 차장은 주식형펀드의 경우 연평균 수익률이 10% 도달하면 투자 금액의 절반을 이익 실현하고, 채권형펀드의 경우에는 기준금리의 추이를 보면서 분기별로 이익 실현 시기와 규모를 정하기로 원칙을 정하였다. 반대로 분기마다 포트폴리오를 점검할 때 연환산 기대수익률 달성이 어렵다고 판단되면 수익률이 부진한 펀드는 교체할 예정이다.

박 차장은 2024년 12월에 포트폴리오를 점검하면서 상대적으로 수익률이 부진한 펀드 3건(주식형펀드 1건, 해외 채권형펀드 1건, TDF 펀드 1건)을 매도하여 2,900만 원(전체 평가액의 34% 규모)을 현금화한 후에, 글로벌하이일드채권과 2024년 9월에 신규로 출시된 디딤 펀드를 신규로 매수하여 포트폴리오를 변경하였다.

〈표 72〉 연금저축계좌 포트폴리오(2024년 4분기)

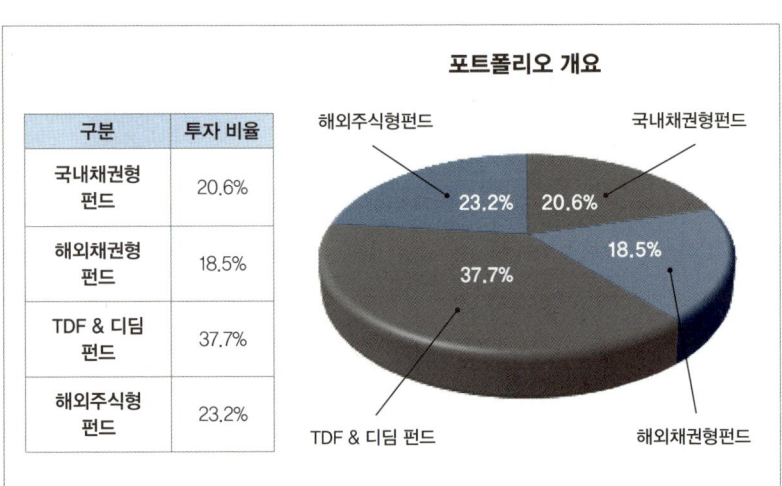

④ 변동성을 극복하는 노하우

박 차장은 2025년 1분기부터 미국 국채금리는 상승과 하락을 반복하고 증시 변동성은 확대되고 있다고 판단하였다. 그래서 채권형펀드 중 연환산 수익률 9.5%를 기록한 국내장기채권형펀드 1,800만 원 중에서 1,000만 원을 분할매도하고, 글로벌하이일드채권형펀드 1,600만 원 중에서 1,000만 원을 매도해 총 2,000만 원을 현금화하여 금융시장이 안정화될 때까지 연금저축CMA에 예치할 예정이다. 국내장기채권형펀드는 이익 실현 차원에서 매도했고, 글로벌하이일드채권형은 글로벌 경기둔화 우려가 부각되면서 비중을 축소하는 차원에서 매도하였다.

연금저축CMA는 2025년 5월 2일 기준으로 연 2.5%(변동금리)의 금리가 적용되며 이자가 매일 지급되고 언제든지 매도하여 다른 펀드나 ETF를 매수할 수 있기 때문에 변동성이 큰 상황에서는 유용하게 활용할 수 있다.

2) 개인납입 IRP 계좌를 활용한 연금 설계

박 차장은 아직 승진 기회도 남아 있고, 급여도 매년 물가상승률 정도는 반영되어 인상되고 있어서 퇴직연금은 DB(확정급여형)를 유지하고 있다. 그러나 퇴직 전에 DC(확정기여형)로 전환될 가능성도 있고, 퇴직 후에도 퇴직연금을 연금으로 수령할 예정이기 때문에 IRP 계좌가 필요한 상황이다. 우선 개인납입을 위한 IRP를 새로 개설하여 연말정산에서 세액공제도 받고 투자 운용을 미리 학습하기로 하였다.

① 개인납입 IRP 계좌 개설

2019년 12월에 처음으로 개인납입 IRP를 개설하여 300만 원을 입금하였다. IRP 계좌는 연금저축계좌와 다르게 안전자산 비율을 30% 이상 설정하여야 한다. 그러나 투자 운용 초기이므로 안전자산에 70%(채권형펀드 30%, TDF 40%), 위험자산 30%(주식혼합형펀드 30%)로 안정적인 투자 비율을 설정하였다.

IRP 투자 초기에는 매월 자동이체를 설정하지 않고 여유자금이 생길 때마다 수시로 입금하였다. 그러나 2025년부터는 매월 41만 원을 자동이체하여, IRP 계좌 납입분 492만 원(41만 원×12개월)과 연금저축계좌에 납입한 408만 원으로 세액공제 900만 원 한도를 채우도록 설정하였다.

② **개인납입 IRP 계좌의 운용 및 투자비율 설정**

박 차장의 개인납입 IRP 계좌의 2025년 2분기 현재 포트폴리오는 표 73과 같다. 퇴직금을 운용한다는 생각으로 연금저축계좌보다는 안정성을 중요시하여 포트폴리오를 구성하였다.

<표 73> 개인납입 IRP 계좌 포트폴리오(2025년 2분기)

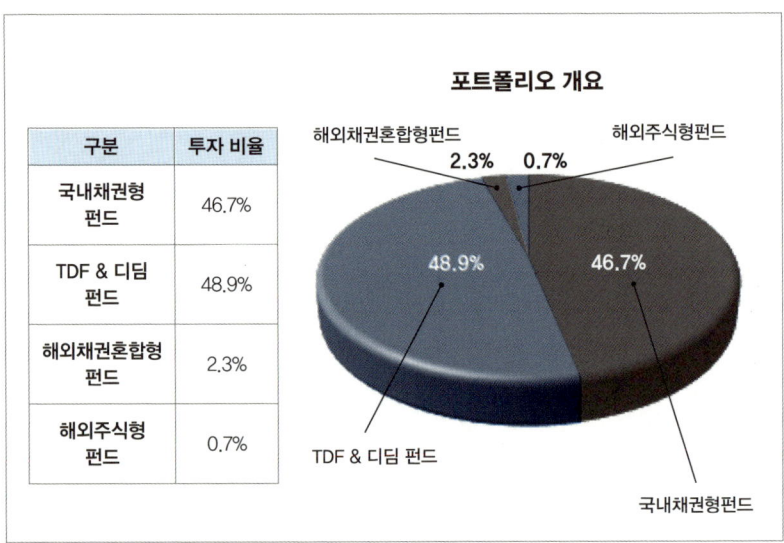

매월 자동이체를 설정한 41만 원은 해외채권혼합형펀드에 50%, 해외주식형펀드에 50%씩 투자되도록 투자 비율을 설정하였다. 매월 적립식으로 2개 펀드를 추가 매수하게 된다.

③ **개인납입 IRP 계좌와 퇴직금 IRP 계좌의 구분**

박 차장이 60세까지 매월 41만 원을 납입하면 개인납입 IRP 예상 평가액은 다음과 같다.

〈표 74〉 60세 시점 개인납입 IRP 예상 평가액

구분	금액 (원)	주요 내용
만 46세(2019. 12) 평가액	3,000,000	신규 가입
만 51세(2024. 12) 평가액	25,462,671	수시 입금액 + 운용수익
8년간 입금 예정액 (2025~2032)	39,360,000	매월 41만 원씩 자동이체 설정
만 60세(2033) 예상 평가액	76,677,778	연평균 수익률 3% 예상

박 차장이 60세에 퇴직을 하게 되면, 회사에 IRP 계좌 사본을 제출해야 하는데 개인납입 IRP 계좌 사본을 제출해도 될까? 정답은 '그렇다'이다.

IRP 계좌는 금융기관마다 1개만 개설이 가능하다. 그런데 퇴직금과 개인납입금은 세금이 서로 다르기 때문에 하나로 합산될 수는 없는 성격의 자금이다. 그래서 금융기관에서는 1개의 IRP 계좌 하단에 계정을 분리하여 운영하고 있다.

즉, 1개의 IRP 계좌 밑에 퇴직금 IRP 계정과 개인납입 IRP 계정이 분리되어 운영된다. 따라서 박 차장이 퇴직금을 수령할 IRP 계좌로 기존에 개설한 개인납입 IRP 계좌 사본을 제출해도 전혀 문제가 되지 않는다. 물론, 개인납입 IRP 계좌와 퇴직금 IRP 계좌를 서로 다른 금융기관에 개설해도 된다. 이 경우 퇴직금 IRP 계좌의 사본을 회사에 제출하면 된다.

④ 연금을 수령할 때 주의할 점

연금을 수령할 때 주의할 점은 퇴직금을 재원으로 하는 연금소득세율과 [개인납입금+연금계좌에서 발생한 운용수익]을 재원으로 하는 연금소득세율이 서로 다르다는 점이다. 단, 재직 중일 때 퇴직연금 DC로 전환해 DC 계좌에서 발생한 운용수익은 퇴직금에 포함된다.

〈표 75〉 연금 수령 나이에 따른 연금소득세율

연금 수령 나이	60~69세	70~79세	80세 이후
퇴직금 재원	분류과세: 1~10년 퇴직소득세의 70% 적용 11~20년 퇴직소득세의 60% 적용 퇴직금 원금: 월 100만 원씩 240개월 수령		연간 1,500만 원 이하로 수령 (3.3% 분리과세)
개인납입 IRP		연간 1,500만 원 이하로 수령 (4.4% 분리과세)	
연금저축계좌	연간 1,500만 원 이하로 수령 (5.5% 분리과세)		

박 차장은 40세부터 재무 상담을 받고 연금 설계를 미리 준비한 덕분에 60세 은퇴 시점에 연금저축계좌에서 1억 4,517만 2,912원, 개인납입 IRP 계좌에서 7,667만 7,778원 정도의 적립금이 예상된다. 중간정산을 한 번 받았지만 60세 퇴직 시점에 퇴직금을 2억 4,000만 원 수령할 것으로 예상하고 있다.

퇴직금은 60세 시점부터 세전 매월 100만 원씩 수령하면 240개월(20년) 수령이 가능하고, 20년 이후에는 운용수익이 지급될 예정이다.

퇴직금을 재원으로 수령하는 퇴직연금은 20년간은 퇴직금을 재원으로 지급하므로 다른 연금과 합산하여 과세하지 않고 퇴직소득세의 70~60%를 납부하면 된다.

만면, [개인납입금+연금계좌에서 발생한 운용수익]을 재원으로 하는 연금 수령액은 연간 1,500만 원까지 수령하면 연금소득세율이 5.5~3.3%가 적용된다. 연금 수령액이 연간 1,500만 원을 초과하게 되면 연금 수령액 전체에 대해서 16.5%의 세율이 적용되기 때문에 연간 1,500만 원 이하로 수령하는 것이 필요하다.

따라서 〈표 75〉에서 보듯이 퇴직금을 연금으로 수령할 때 [연금저축계좌+개인납입 IRP 계좌]를 같이 수령하는 것이 필요하다. 퇴직금에서 발생하는 운용수익도 퇴직금 2억 4,000만 원이 먼저 지급되고, 이후에 연금으로 지급되는데 그때, [연금저축계좌+개인납입 IRP 계좌]에서 수령하고 있는 연금이 남아 있다면 합산하여 연간 1,500만 원이 초과하는지 여부를 판단하기 때문이다.

박 차장은 국민연금으로는 은퇴 생활비가 부족하다고 판단하여 퇴직금은 매월 세전 100만 원씩 수령하여 20년 이상 수령할 계획이다. [연금저축계좌+개인납입 IRP 계좌] 적립금은 은퇴 이후에 15~20년간 세전 월 125만 원씩 수령이 가능하므로 은퇴 초반기에 유용하게 사용할 계획이다.

퇴직(예정)자를 위한 은퇴 설계 체크리스트

■ 국민연금 관련

1. 국민연금 수령시기 선택 가능
☐ 조기노령연금   ☐ 노령연금 : 64세(1965~1968년생)   ☐ 연기연금

2. 본인의 국민연금 납부방법
☐ 임의가입   ☐ 임의계속가입자   ☐ 미가입

3. 배우자의 국민연금
☐ 임의가입   ☐ 임의계속가입자   ☐ 미가입

■ 건강보험 관련

1. 피부양자 자격유지 조건
☐ 소득기준   ☐ 재산기준   ☐ 부양기준

2. 지역건강보험 가입자로 전환시기
☐ 국민연금수령액이 2,000만 원 초과 시 :   년 1월

3. 지역건강보험료 절감 방안
☐ 사적연금 활용   ☐ 절세계좌(비과세, ISA 등)
☐ 금융소득 1,000만 원 이하

■ 은퇴생활비 규모

☐ 현재 월 평균 생활비 :   만 원
☐ 연간 비정기적 지출 :   만 원

■ 퇴직연금 관련

1. 퇴직연금을 수령할 IRP 개설은 어디에서 할까?
☐ DC계좌가 개설된 금융기관 IRP   ☐ 연말정산을 위하여 개설한 IRP
☐ 신규로 IRP 개설

2. 어떤 방식으로 퇴직연금을 수령할 것인가?
☐ 실물이전   ☐ 현금이전

3. 퇴직소득세는 얼마나 될까?
- ☐ 세액정산특례 적용 여부 확인   ☐ 절세전략 수립

4. IRP 운용은 어떤 상품으로 할까?
- ☐ 원리금 보장상품   ☐ 월배당 상품   ☐ 국고 채권   ☐ ETF & 펀드

■ 개인연금 관련

1. 구)개인연금저축 : 2000. 12. 31 이전에 가입한 개인연금
- ☐ 5년 이상 연금수령_비과세   ☐ 퇴직 후 6개월 이내에 특별중도해지_비과세
- ☐ 연금 외 수령 : 15.4% 과세(종합소득신고 대상)

2. 연금계좌(개인납입IRP + 2001. 1. 1 이후에 가입한 연금저축)
- ☐ 연간 1,500만 원 이하 수령 시 5.5%~3.3% 과세
- ☐ 연간 1,500만 원 초과 수령 시 16.5% 분리과세 또는 종합소득세 합산 중 선택 가능
- ☐ 연금 외 수령 : 16.5% 분리과세   ☐ 세액공제 안 받은 원금은 과세 제외

3. 소득(세액)공제 받지 않은 연금보험 & 변액연금
- ☐ 10년 이상 유지 시 일시금 수령 & 연금수령 모두 비과세 적용

■ 기타

1. 대출금 잔액
- ☐ 담보대출   ☐ 신용대출   ☐ 상환 재원은 어떻게 마련할까?

2. 실업급여 수령 조건
- ☐ 피보험자 자격상실 사유: 비자발적 퇴직   ☐ 최대 270일
- ☐ 일 최대 66,000원

3. 실손의료비 보험
- ☐ 단체실손 => 개인실손
- ☐ 중복가입으로 인한 중지 => 재개 : 퇴직일로부터 1개월 이내
- ☐ 1세대   ☐ 2세대   ☐ 3세대   ☐ 4세대   ☐ 없음

4. ISA계좌 활용
- ☐ 연간 2,000만 원까지, 최대 1억원까지 납입 가능함(연 납입한도는 이월 가능)
- ☐ 서민형 : 400만 원까지 비과세, 초과수익 9.9% 분리과세_인출 시점에서 판단함
- ☐ 만기 시 60일 이내에 연금계좌(연금저축+IRP)로 입금 가능